VIVERE MEGLIO

Raffaele Morelli

LA VERA CURA SEI TU

MONDADORI

Dello stesso autore
in edizione Mondadori

Ciascuno è perfetto
Non siamo nati per soffrire
Le piccole cose che cambiano la vita
Ama e non pensare
Il sesso è amore
Puoi fidarti di te
L'unica cosa che conta
Dimagrire senza dieta
Guarire senza medicine
Lezioni di autostima
Il segreto dell'amore felice
Pensa magro
La saggezza dell'anima
Nessuna ferita è per sempre
Solo la mente può bruciare i grassi
Crescerli senza educarli
Breve corso di felicità

con Luciano Falsiroli
La felicità è qui

con Vittorio Caprioglio
Vincere il panico

librimondadori.it
anobii.com

La vera cura sei tu
di Raffaele Morelli
Collezione VIVERE MEGLIO

ISBN 978-88-04-68354-4

I edizione ottobre 2017

INDICE

LA VERA CURA SEI TU

Premessa

OGNUNO HA UNA MISSIONE

Ho scelto 13 mosse per imparare a prendersi cura di sé.
Il presupposto è che ciascuno ha un suo timoniere,
un suo psicoterapeuta interiore.
Se lo ascoltiamo la nostra vita diventa semplice,
naturale e spontanea.

Intendo la psicoterapia come il luogo dove ci si deve occupare esclusivamente dell'unicità della persona.

Il mio lavoro mi ha insegnato che in ogni paziente c'è un sapere nascosto che sta tracciando il suo destino, anche se quasi sempre viene ignorato. Così la psicoterapia va considerata come una potatura, che ci libera dall'idea che ci siamo fatti di noi stessi, dei nostri disagi, in base alle opinioni comuni. Se i rami secchi ingombrano il nostro mondo interiore ci ammaliamo di ansia, insonnia, depressione. Nessun sapere convenzionale ci può aiutare quando stiamo male. Proprio perché siamo unici, c'è qualcosa dentro di noi che sa come curarci: sì, siamo abitati dal nostro psicoterapeuta nascosto e non lo sappiamo.

Da dove comincia la psicoterapia? Dal pensiero della tradizione, dai taoisti, dai Greci, dal loro modo di vedere il mondo. L'energia perenne che ci abita si può intravedere solo se abbiamo occhi antichi, e se ci sono psicoterapeuti che cercano l'eterno che c'è in ognuno di noi. Stiamo bene solo se sappiamo prendere le distanze dal pensiero moderno, se possiamo sdraiarci sull'energia senza tempo del sogno, delle Immagini uniche che abitano ciascuno di noi. Ognuno nella vita ha una missione: se la perde di vista, si ammala. Perdere la missione significa perdere il senso. Richard Wilhelm traduce il concetto di Tao come "il Senso". Il pensiero di Lao Tse, contemporaneo di Platone, sul modo giusto di stare con se stessi lascia tracce indelebili.

Con gli altri si può recitare, si può fingere, ma con te stesso tieni in vita l'unica relazione che conta.

Il mio lavoro mi ha insegnato che chi soffre di nevrosi, di ansia, di panico, di depressione, di insonnia, dei disturbi più comuni di questo secolo, ha perduto il Senso... cioè il Tao.

Ragionare a partire dal nocciolo nascosto e non restando in superficie, alla buccia, porta al Senso. Imparare a vedere in ogni cosa l'infinito, l'eterno: su questo si basa la cura. Vedere nell'ansia e nel panico l'onda dell'oceano della dea Afrodite e non un fatto personale cambia tutta la partita e tutta la cura. Questo libro si basa su un modo di guardare se stessi diverso da quello del senso comune.

Se trascuriamo l'Unicità e il Senza Tempo siamo foglie nel vento. Si sta bene solo se si esce dalla mentalità comune. Oggi tutti vanno dallo psicoterapeuta per parlare di mamma e papà, della sfortuna che hanno avuto. L'altro ieri ero in aeroporto e, nella sala d'attesa, tra una telefonata e l'altra sentivo quasi solo lamenti.

"Sono stravolta, sono stata tre ore in attesa", oppure: "Stasera puoi restare tu con i bambini, con tutti i sacrifici che faccio...", o ancora: "Se non era per lui, che mi ha rovinato la vita, adesso non sarei così...".

Qualcuno ci avverte che i lamenti ripetuti uccidono l'energia dell'anima? Qualcuno ci spiega che parlare del passato intossica i neuroni? È difficile che succeda. Piuttosto, la mente superficiale, che sempre più invade il nostro essere, non si interessa del nostro "psicoterapeuta nascosto" e ci porta a perdere la rotta, abbandonandoci come una barca in mezzo al mare, senza timone, persa nella nebbia, quella nebbia nella quale dovrà apparire il "re nascosto", e nella quale

> nessuno sa cosa vuole.
> Nessuno sa quale anima possiede,
> né cosa siano male o bene.[1]

[1] Fernando Pessoa, *Poesie esoteriche*, Guanda, Parma 2013, p. 23.

Gli errori che facciamo sono conseguenza di uno sguardo oscurato dalla nebbia, dalle convenzioni, dal conformismo. Ma l'essenza vive altrove... C'è un "re nascosto" trascurato che si trasforma in disturbi. Questo libro è dedicato a chi vuole curarsi per davvero o, meglio, a chi è disposto a lasciarsi curare dall'anima, dallo "psicoterapeuta interno" che dimora in ciascuno, dal timoniere che conduce la nostra vita e che non vediamo.

Come funziona la psicologia del seme, del nocciolo, nascosto dentro la polpa del frutto, sotto la buccia del convenzionale?

Qualcosa di invisibile – il Sé – conduce la mia esistenza. Nasciamo con un destino e dobbiamo seguirlo, se non vogliamo stare male. Per realizzare il proprio destino ci possono essere molte porte da aprire, ma alla fin fine una ghianda nasce per fare la sua quercia. L'ambiente può interferire, ma ogni seme deve dar vita alla sua pianta. Ognuno ha la sua missione...

Il mio modo di fare psicoterapia si basa sul tentativo di vedere quale fiore si nasconde tra i disturbi che portano il paziente al mio studio. Spesso i disagi sono fioriture che ignoriamo, che preparano il frutto che sta per arrivare, sono vere e proprie rotture delle acque di un parto imminente.

L'occhio omologato vede come "malattie" molte trasformazioni che stanno avvenendo nel silenzio dell'anima. Ma la trasformazione silenziosa non è un perno del Tao?

I codici per aprire la porta al nostro navigatore vengono solo dal pensiero antico, dalla tradizione, dall'eterno che è nell'uomo. Ciascuno ha le sue caratteristiche uniche e tutta la psicoterapia deve basarsi non su che cosa è successo, ma sul destino, sul viaggio che quell'Unicità deve percorrere.

Per mostrare come si possono aprire le porte all'Unicità, ho scelto 13 semplici mosse che raccolgono i codici della saggezza antica, di quel sapere con cui l'uomo si è sempre preso cura di sé.

La prima mossa

CERCA IL VUOTO, NON LA SPIEGAZIONE DEI TUOI DISAGI

Rimuginare sulle nostre sofferenze, cercare di spiegarle, collegarle al proprio passato, ai genitori, alla propria storia è una perversione di questi ultimi anni. Cercare il vuoto e l'energia antica dell'anima: da qui si deve partire per il viaggio verso se stessi.

Nessuna epoca ha mai pensato di curare la psiche. Mai e poi mai ha cercato di spiegare la nostra mente in base a ciò che siamo stati.

Forse la psicologia – come mi dice mio figlio Michael – era nata per accompagnare l'anima nell'era moderna, nell'era della scienza. Per portarla a contatto con un mondo che invece avrebbe fatto di tutto per distruggerla... L'anima (*psyché*) è sottile come il vento e detesta più di tutto la spiegazione: non vuole essere capita. Eppure ai gruppi del giovedì, gli incontri di psicoterapia che tengo abitualmente, non c'è persona che, come prima cosa, non mi dica: "Sono venuta da lei per capire, comprendere chi sono, che cosa causa il mio disagio, la mia insoddisfazione".

La psiche appartiene al regno del soffio, del sottile, a un'energia che la ragione non può avvicinare. Pensare all'anima e rovinarla è tutt'uno. Come può un'energia morta, statica, come quella dei pensieri, contattare l'energia vitale, sottile della psiche?

I Greci e i Romani non si sarebbero mai sognati di indagare il rapporto coi genitori per sapere dove stavano andando... Non ho mai visto qualcuno stare meglio perché voleva comprendere se stesso attraverso la sua relazione con gli scheletri del passato.

Come vedevano la psiche, gli antichi? Come cercavano di conoscerla? Come guardavano il disagio? Come affrontavano l'ansia, la paura, l'insonnia, la depressione?

E noi possiamo avvicinarci alla "cura", se dimentichiamo come facevano dalle origini del mondo?

La scienza, questo "regalo" del mondo moderno, si basa sul nesso di causalità e sul fatto che gli opposti stanno agli antipodi e non vengono mai in contatto. Ma nel sogno non è così: la fata e la strega, il sacerdote e il peccatore coesistono spesso nello stesso personaggio. Solo quando comprendiamo che gli opposti nel centro di noi stessi coesistono, che siamo bianchi *e* neri, solo allora si apre la strada per realizzare il nostro destino.

I disturbi vanno capiti? Bisogna cercare la loro origine nella storia del paziente? Oppure...

Oppure, ognuno di noi è abitato da un processo autonomo, autosufficiente, unico, che possiede saperi che appartengono solo a lui e che non vengono dalla sua storia. Le spiegazioni della psicologia moderna ci stanno attaccate addosso: negli ultimi cent'anni non c'è stato un individuo che non abbia creduto di essere speciale per via di ciò che ha sofferto. È un luogo comune credere che soffrire ci faccia evolvere, anche se certi dolori ci sono serviti a maturare, a diventare ciò che eravamo e che non si era ancora manifestato. Noi crediamo che la nostra identità sia il frutto di ciò che ci è capitato, gli antichi credevano, invece, di avere un destino, una strada da percorrere. Come una ghianda deve fare la sua quercia, ciascuno di noi è inserito in un processo sconosciuto, come il seme nella terra, che lo sta conducendo nel suo viaggio.

La psicologia e la psichiatria come interpretazione moderna della vita, come ricerca delle cause di ciò che siamo, come studio del passato, ci hanno propinato una serie di luoghi comuni e hanno portato a un uso degli psicofarmaci che li ha resi una vera e propria droga di massa.

E allora da chi dobbiamo imparare? Solo dagli antichi, dalla loro conoscenza psicologica, dalle culture che conoscevano l'anima, la sua profondità, i suoi abissi, i suoi codici.

L'anima infatti è la stessa oggi come allora, visto che non vive nel tempo, come ben sapevano i Greci, i Romani, i Veda, i taoisti.

Se andate da uno psicologo chiedetegli se conosce le leggi del Tao. Se vi dice di no, andate via alla svelta. Per imparare a curare i pazienti, i grandi psicoanalisti non hanno fatto altro che guardare alle religioni antiche, al mondo degli dèi, al pensiero cinese.

> Se ti attieni alla Via, che è sazia d'anni, anche le cose presenti puoi reggere. Saper l'inizio: è il filo della Via.[2]

Dalle origini del mondo al giorno d'oggi la legge della creazione psichica è sempre uguale. Oggi come allora, la cura è sempre la stessa.

Ciò che succede adesso ha il sapore dell'eternità, le leggi che governano il Tao sono presenti oggi come allora.

E gli antichi sapienti non erano come gli psicoanalisti moderni, che credono solo all'influenza dell'ambiente esterno. Valutavano sì il terreno per vedere se aveva disturbato la pianta, ma il loro lavoro era riportare ciascuno alla sua natura e alla sua fioritura unica. Tornare alle origini, imparare dall'antico, questo è il taoismo. Che cosa ha in comune una quercia con un rododendro? Una rosa con una passiflora? Tempi di fioritura diversi, differenti esposizioni alla luce. Che cosa ha in comune un leone con una gazzella? Un granchio con un delfino? Secondo il pensiero cinese, la nevrosi consiste nell'aver perso di vista le nostre caratteristiche. Indagare il passato e andare a ritroso, farsi e fare domande sulla nostra storia, ci allontana dal nucleo.

> È un deserto infinito il por quesiti![3]

Si deve rivedere totalmente il nostro modo di fare psicoterapia: niente domande sul passato, niente risposte. Non tocca a me guidarmi, dirmi dove andare. Dalla notte dei tempi, qualcosa di interiore conduce spontaneamente ogni essere vivente verso la propria meta. Qui sta l'essenza del

[2] Lao Tse, *La via in cammino (Taotêching)*, a cura di Luciano Parinetto, La Vita Felice, Milano 1995, p. 97.
[3] Ivi, p. 123.

Tao: se ci atteniamo alle sue regole, la felicità è a portata di mano. I taoisti ritenevano che siamo abitati da un Signore sconosciuto che silenziosamente conduce la nostra esistenza. Ben nascosto vive il Tao, che è attirato dal vuoto. Qualsiasi cosa accada, il segreto è diventare vuoti...

Ai pazienti racconto dall'inizio, già al nostro prima incontro, che stare con se stessi è evitare ogni commento. Lei mi lascia... e io non ho niente da dirmi. Ho fatto una scenata... non devo commentarla, solo guardarla, come uno spettatore a teatro o al cinema. Dovunque io vada, qualsiasi cosa faccia, qualsiasi problema si presenti... non devo dire nulla. È la legge del "vuoto cosciente", il farmaco dell'anima.

La seconda mossa

AFFIDATI ALLO SGUARDO SILENZIOSO

Non c'è da dirsi niente...
Bisogna smetterla di domandarsi se si sta crescendo.
C'è semplicemente da guardare quello che arriva
dentro di noi, di volta in volta, senza commenti.
Alle 18.00 sento l'invidia, alle 20.00 la rabbia,
alle 2.00 la tristezza: io le guardo, le percepisco.
La percezione è la cura.

Cosa ti porta qui?

"Voglio crescere. Ho ventisette anni e sono insoddisfatta, molto insoddisfatta. Voglio crescere. Sono venuta al gruppo per diventare una persona vera, una donna matura, realizzata" mi dice Sonia la prima volta che viene a un incontro del giovedì.

L'idea di voler "crescere" è frequente e crea molti danni. Sonia ha una meta da raggiungere: per lei, "crescere" significa diventare la persona che ha in mente.

"Vorrei essere più controllata, meno irascibile, meno altalenante. Più pacata, più saggia, senza alti e bassi..."

Cosa vuol dire crescere? Ventisette anni fa Sonia era una cellula fecondata e, senza il benché minimo sforzo, è arrivata a essere ciò che è... È diventata una donna senza quasi accorgersene, senza farci troppo caso. Una "trasformazione silenziosa" ha "preso" il suo essere e l'ha condotto fin qui.

Giulia invece fa l'attrice, ha un comportamento un po' teatrale e si lamenta di essere una madre oppressiva con la sua bambina.

"Con mia figlia sono superpresente, direi asfissiante. Dipende certamente dal fatto che ho avuto una madre quasi sempre assente."

A questa interpretazione di sé è arrivata dopo molti anni di psicoanalisi.

Ho incontrato non so quante persone che credono di essere ciò che sono per l'educazione che hanno avuto, per il padre, la madre ecc. È un pensiero omologato, appreso, come quello per cui dobbiamo "crescere".

"Con la mia bambina sono possessiva, rigida, sono la madre che non dovrei essere, ma ho sopportato tante angherie da mia mamma, tante assenze, tanto gelo..."

Tutti hanno una spiegazione per ciò che sono... E se Giulia fosse semplicemente una donna tiranna, prepotente, aggressiva? Se assomigliasse più alla tigre che alla gatta che vuole essere?

Vorrei dire una volta per tutte e con estrema chiarezza che la psicoterapia non è il luogo per parlare di sé, di mamma e papà, del passato, delle morti, degli addii... Men che meno è il luogo per parlare dei dolori patiti.

Conoscere se stessi è esattamente l'opposto del conoscere il proprio passato. Non si arriva a comprendere ciò che siamo indagando su ciò che siamo stati. L'energia del presente e quella del passato vivono agli antipodi: non hanno nulla in comune. Si tratta di due attività dell'anima incommensurabili.

Il piccolo Ettore vive con la zia: i giudici l'hanno affidato a lei, perché il papà è alcolizzato e la mamma se ne è andata con un altro uomo. A 8 anni si rifiuta di andare a scuola: nessuno si domanda se ha compagni sgradevoli, se le lezioni sono troppo banali per un bambino molto intelligente, oppure se lo divertono altre cose. No, il tema di fondo è che lui è un bambino sfortunato, che ha subito un trauma perenne, quello della madre che l'ha abbandonato. Così lo portano dalla psicologa, che non vede l'ora di continuare a farlo parlare della mamma assente.

"Non voglio più sentire parlare della mamma, capito?" le ha urlato dopo sei sedute.

I bambini detestano parlare dei loro problemi, preferiscono usare la risorsa più importante del cervello: l'oblio. Vogliono dimenticare e ci riescono! Solo una psicologa conformista può credere che parlare dei traumi possa guarirci.

Ho consigliato alla zia di portarlo da una collega più esperta: le sedute erano solo giochi, senza parole. Dopo due mesi è tornato a scuola, in una nuova classe. È il più bravo!

Serve una mente "senza saperi"

Adesso ho l'ansia: non la devo spiegare, né raccontare, né collegare alla mia storia. Devo accoglierla come una presenza sconosciuta, un'energia che arriva da chissà dove.

"L'attacco d'ansia mi ha rovinato la serata. A me, ai miei ospiti, a mio marito. Via via è diventato panico e sono finita al pronto soccorso. Chissà cosa penseranno di me! Che sono fragile, una fallita... Voglio tirarmene fuori."

Sono le parole sbagliate di chi vuole capire, spiegare, sapere. Bisogna vivere i disagi con mente "ignorante", che non sa. Lao Tse ne era consapevole.

> Ho veramente il cuore dello stolto. Gli altri han chiara la mente, io resto in tenebre.[4]

Questa "mente senza saperi", questo essere stolti allude alla semplicità che il cerebralismo, l'intellettualismo della nostra epoca non conosce più, perché ha perduto la spontaneità, che è il vero motore dell'essere e della natura.

Nelle nevrosi, la spontaneità è quasi sempre perduta: la mente omologata l'ha soffocata. Dove possiamo andare se non ci rifugiamo all'interno? Chi può sapere meglio di te che cosa sta accadendo? L'uovo crea il pulcino nel profondo di se stesso: tu puoi allontanare i disturbi solo se senti l'interiorità, che è fatta prima di tutto e più di tutto di vuoto. Che ne sa un tuorlo che diventerà un'aquila? La guarigione viene solo dal non agire, dal non pensare, dal non ragionare sui disagi.

"Non voglio mandare via la tristezza... voglio percepirla, ascoltarla, non voglio agire su di lei."

> E non v'è cosa che, senza agire, però non sia fatta.[5]

Qui è già scritto il principio dell'autoguarigione, se la mente non si incaponisce a capire, spiegare, allontanare i disagi.

Non parlare coi pazienti dei disturbi, ma farglieli acco-

[4] Lao Tse, *La via in cammino*, cit., p. 123.
[5] Ivi, p. 249.

gliere nel silenzio, nel vuoto. Non ho mai visto nessuno stare bene cercando nel passato la risposta ai suoi disagi. Li ho visti sparire accogliendoli nel vuoto, nel silenzio e nel buio.

> Sta nel buio la Via, non porta nome, ma si prodiga e porta a compimento.[6]

Quindi si tratta di vedere i disagi come "energie" che emergono dal vuoto, come voci primordiali che vogliono entrare nel regno dell'Io, dove tutto è identificato con l'esterno.

"Com'è un grande uomo? Come definirebbe una grande donna?" mi domanda una giornalista.

Donne e uomini sono grandi solo se hanno dei segreti, se sanno stare nel silenzio. Affidare al silenzio la soluzione dei problemi, dei disagi, non alle parole, non al confidarsi.

Michael studia da tempo il digiuno e la sua analisi porta alla conclusione che, per tutte le tradizioni, è la via della metamorfosi. Nel regno animale poi non c'è trasformazione che non sia preceduta dal digiuno: dalla muta del serpente e del granchio alla trasformazione del baco in farfalla. Il silenzio è per la mente l'equivalente del digiuno, un principio di trasformazione. I disagi ci stanno portando nella metamorfosi dell'anima: non lo sappiamo e li cacciamo via per assomigliare all'idea di salute mentale che ha il mondo esterno.

Quando si sentono certe persone superficiali che inneggiano al loro cambiamento dopo un nuovo amore, un matrimonio, un figlio, una conversione religiosa, bisogna insospettirsi. Le vere trasformazioni avvengono nell'invisibile, non ce ne accorgiamo e sono tali solo se noi non ne siamo i protagonisti. La metamorfosi interiore è come una gravidanza: la vediamo soltanto al parto...

In psicoterapia i pazienti migliorano e non se ne accorgono: questo è un principio di guarigione. Segreto è l'inconscio e agisce senza che l'Io se ne renda conto. Chi sta male è accecato da una visione unilaterale di sé e del modello che sta seguendo.

[6] Ivi, p. 221.

"Non voglio invecchiare, voglio restare giovane...", "è ora che faccia un figlio...", "starò bene quando andrò d'accordo con il mio compagno...": così non vedi che te, e ti valuti, ti stimi o disistimi in base a criteri e progetti puramente esteriori.

> Chi non vede che sé, non ha luce; chi si approva da sé, luce non manda; chi sé vanta, di vanto non è degno.[7]

Se ci si perde nel silenzio, mentre si cammina o si mangia, o quando esplode il desiderio erotico, l'Io viene annullato e si entra nel regno del Tao.

La saggezza antica conosceva l'anima in modo profondo, mentre la psicologia moderna conosce le leggi della superficie e a queste si attiene.

Andiamo in terapia e ci sentiamo spiegare, secondo il modello attuale, che siamo il prodotto di quello che è successo in passato. Alla fine crediamo di conoscerci, di sapere chi veramente siamo. Che spreco di tempo! Gli antichi saggi avrebbero sorriso di fronte a questa nostra convinzione...

Loro sapevano che conoscere noi stessi significa percepire ciò che abita dentro di noi in questo momento, e nient'altro. Adesso sono invidia e paura, alle 18.00 ansia, alle 20.00 ricordi, alle 23.00 desiderio... Percepire senza commenti, senza domande e senza definizioni. Io sono ciò che percepisco adesso nella mia interiorità.

Discutere i propri stati d'animo li cronicizza ed è un atteggiamento agli antipodi della saggezza antica.

Non bisogna evocare i ricordi, trattenerli, ragionarci su, ma si deve accoglierli solo se arrivano spontaneamente...

> Nulla può rimanere di ciò che è stato, se non un'impronta. Un'impronta è cosa morta e non significa nulla. Solo il *riflesso fugace* è un'immagine esatta, completa, innocente. Non vi è vera conoscenza se non dell'Istante e del Totale.[8]

[7] Ivi, p. 143.
[8] Marcel Granet, *Il pensiero cinese*, Adelphi, Milano 2011, p. 402.

La terza mossa

LASCIATI CURARE DALLA SIGNORA DELLA NOTTE

C'è una presenza femminile,
una donna antica che abita il nostro inconscio.
I maestri taoisti lo sapevano
e invitavano gli allievi a immaginarla.
Si tratta di un esercizio semplicissimo.
Quando stai male cerca questa dea interiore
e aspetta da lei la soluzione.

Abbiamo perduto i maestri, i saggi, i sapienti interpreti del nostro destino... E la vediamo come una dimostrazione di progresso, di libertà, di autonomia, di indipendenza!

Oggi i sapienti sono gli chef... Un tempo c'erano uomini che vedevano oltre: oggi non ne sentiamo più il bisogno, perché siamo ancorati a una veduta d'insieme, tutta incentrata sul reale. Oggi siamo un fiume di parole, ma i taoisti ci avevano insegnato che c'è una saggezza muta. Un tempo, quando ero più giovane, cercavo le parole giuste da dire ai miei pazienti. Oggi sono silenzioso e spesso i risultati vengono da soli.

> "A insegnare senza parole, a essere utile senza nessuna intromissione, pochi riescono", e tuttavia "*la parola suprema è non dire nulla (ad altri), l'atto supremo è il non intervenire (wou wei)*". "Non parlate! Esprimetevi senza parole! Vi è chi non ha mai parlato in tutta la sua vita e non è mai restato senza dir nulla." "Colui che parla non sa", "colui che sa non parla". La Saggezza, la Potenza non si possono comunicare se non per mezzo dell'*insegnamento muto* che, solo, rispetta la natura delle cose e l'autonomia degli esseri.[9]

Di quali tempi avevano bisogno i saggi?

Se stavi vicino a un maestro sentivi un brivido, capivi che leggeva dentro di te, conosceva il senso che ti abitava,

[9] M. Granet, *Il pensiero cinese*, cit., pp. 402-403.

vedeva cose di te che a te erano completamente sconosciute. Un maestro era un mago...

Si chiamavano maestri perché vedevano oltre il sapere convenzionale delle folle e delle masse, perché scrutavano il lato cosmico delle cose: in ogni attacco di panico, in ogni depressione, in ogni insonnia, in ogni disagio vedevano qualcosa che doveva esprimersi, una voce che voleva parlare e che non veniva ascoltata. Si chiamavano maestri perché sorprendevano, perché nelle loro risposte c'era qualcosa di inaspettato: mai avrebbero fatto un programma terapeutico, mai avrebbero cercato nel passato la spiegazione di ciò che si stava presentando sotto forma di un disturbo. Vedevano la pianta in te, anche se soffocata dal terreno. Conoscevano le leggi dell'anima, le sue contraddizioni, e vedevano con altri codici. Gli ebrei chassidici si rivolgevano al *rebbe*, che si ispirava al sapere antico che lo abitava. Erano maestri perché non ragionavano con il tempo reale, erano voci dell'eterno, sogni viventi. C'era da imparare: non producevano ragionamenti, pensieri, programmi terapeutici, ma guardavano con gli occhi del profondo, per i quali le cose, i fatti avevano altre connotazioni, altri colori, altre sfumature.

Quando Marina mi cerca al telefono più volte senza trovarmi, racconta a Valentina, la mia segretaria, quello che le sta accadendo. Marina è una giornalista di 55 anni e da più di dieci vive almeno cinque o sei mesi, dall'inizio dell'autunno alla fine dell'inverno, chiusa in casa. Sta a letto quasi tutto il giorno, si alza solo per lavarsi e sbrigare le faccende domestiche. Dopo diversi anni di questa vita si allontana dalla casa della città, dove viveva con il marito, e si rifugia nel paese dell'infanzia, dove i genitori la aiutano, mettendole a disposizione un piccolo appartamento. Un giorno, non so come, mi trova sul mio numero fisso e mi racconta tutto il suo disagio.

Alla telefonata sono presenti Michael, Vittorio, mio collega e compagno di viaggio con "Riza", e la dottoressa Chiara Marazzina, studiosa del mondo onirico.

Nel racconto di Marina sento qualcosa di artificiale, sotto il dolore sento vibrare un tono di protesta, di ribellione a una vita che non ha funzionato. C'è tanto orgoglio nella sua voce, come se dicesse: "Mi distacco dal mondo perché tanto nessuno può capire".

Mi sento infastidito, ho la sensazione che lei non voglia veramente ascoltarmi, che si sia fatta un'idea del tutto narcisistica dei suoi disagi. "Sto male" mi dice "perché non riesco a esprimermi veramente." Come se esprimere le proprie qualità dipendesse da qualcosa o da qualcuno!

A parole vuole a tutti i costi un appuntamento con me, ma di fatto il suo rifugio, la sua fuga autunnale nel letto, il distacco dagli altri, da un lato appaiono come l'atteggiamento capriccioso di una bambina, del tipo "scappo da tutti, perché nessuno mi capisce", ma dall'altro fanno sospettare che ci sia qualcosa della sua natura che si sta manifestando, qualcosa di misterioso...

Mi sento infastidito perché sembra del tutto irremovibile: qualsiasi cosa le si dica, lei resta convinta di essere nel vero. Crede di essere una donna speciale, sfortunata, con incontri sbagliati che l'hanno portata lì, a rifugiarsi nella tana, lontana da tutti, per mesi e mesi.

Quindi, c'è qualcosa che la vuole nascosta, irraggiungibile, inavvicinabile: ci sarà pure tutto l'orgoglio o il senso di superiorità del mondo, ma lei basta a se stessa, sa come fuggire nel regno della notte, del nulla, dell'altrove, dell'assenza. L'hanno curata, riempiendola di psicofarmaci, ma niente da fare, da settembre a marzo non c'è modo di farla uscire di casa.

Può essere delusa e depressa quanto si vuole, eppure mantiene una sua lucidità e quella che, forse, all'inizio, era la fuga di una bambina capricciosa dal mondo che non le apriva il sipario della sua recita, alla fine le è servita per imparare a stare da sola. Forse mi ha cercato perché qualcosa in lei è maturo, forse aveva bisogno di parole che aprissero la porta a un'energia che voleva sgorgare come quella di una sorgente appena scoperta. Ho imparato da tempo a riconoscere nei disagi la voce di energie nascoste...

Dopo la telefonata con lei ho scritto su Facebook queste parole sulla Signora della notte:

Stiamo perdendo il regno della notte, di cui ho parlato diffusamente nella conferenza sulla psicologia del femminile che ho tenuto a febbraio. Che cos'è il regno della notte? È un luogo segreto, nascosto, buio, silenzioso... Fa parte di noi come la luce del giorno. Se lo perdiamo di vista, ci sembra che la vita notturna sia solo una perdita di tempo e così i sogni si allontanano dalla nostra interiorità. Non ci interessano più, così come diventano straniere le Immagini, che sono, come ricordava Jung, il fondamento della vita psichica. I depressi non fantasticano, non sognano più a occhi aperti e sono ostinatamente attaccati al loro personaggio, che peraltro con la depressione sta tramontando. La Signora della notte non vuole che tu viva una vita che non ti appartiene, non vuole che tu ti adegui ai modelli esterni, non ti vuole solo in luce, nella vita diurna. Vuole che ti perda nel buio, anche se ti fa paura, vuole che tu perda l'orientamento, che la smetta di vivere la solita vita di tutti gli altri. Quando ci dimentichiamo la notte, siamo falene abbagliate dalla luce diurna, invasi da azioni inutili, da percorsi sempre uguali. È questo accecamento che ci rende depressi: e la Signora della notte ci vuole riportare a casa. Il benessere può avvenire solo se si esce dai riflettori: bastano anche pochi istanti di silenzio e di buio per accontentare la nostra dea, senza la quale siamo foglie nel vento.

Nei suoi "ritiri autunnali", nelle sue fughe, forse la Signora della notte chiamava Marina: e questo le ho detto al telefono.

Michael, Vittorio e Chiara mi hanno sentito distaccato, a un certo punto della telefonata. Era vero: ma il mio fastidio iniziale era scomparso. Come se dentro di me si fosse aperta una breccia, ho sentito che dovevo dirle qualcosa.

Solo poche parole: "La Signora della notte vuol tornare, il suo femminile vuole scendere in campo senza che lei interferisca. Lo lasci fare".

Marina mi ha detto subito che il sesso era stato il grande assente della sua vita di donna sposata.

Non so perché le ho parlato in quel modo, ma ho sentito che nel suo ritrarsi dal mondo c'erano sì i capricci della bambina incompresa, ma anche il nascondersi della donna interiore dal mondo esterno e anche da se stessa. Il suo Io non accettava che "si perdesse", perché questo avrebbe messo in discussione il suo lato professionale, la giornalista fredda e distaccata, la donna superiore.

Le ho detto che non c'era bisogno di venire da me, ma semplicemente di ricordarsi della Signora della notte.

Sentite cosa mi ha scritto quattro mesi dopo.

Caro dottor Morelli,

ci siamo sentiti al telefono un po' di tempo fa. Sono la giornalista insegnante che le ha parlato delle profonde crisi autunnali. Con due sue parole sono ripartita. Sto bene, sono felice, non sempre ho chiaro cosa vuol dire per me lasciar parlare il femminile, ma una cosa è certa, mi sento molto più naturale con l'altro sesso. Ho incontrato un uomo che mi piace molto e proprio ieri sera ho trascorso con lui momenti indimenticabili. Non sarebbe successo prima della nostra telefonata. Sappia che da sempre le voglio bene, e se avrò bisogno so a chi mi rivolgerò. Per il momento voglio godere di tutti i piaceri della vita che mi sono preclusa. Le mie piante crescono rigogliose e bellissime. Un caro abbraccio.

Non c'è vero miglioramento interiore se non accadono contemporaneamente magie nel mondo esterno. Per Marina le piante ritornano lussureggianti, come il suo corpo, come il suo eros. Le nostre vicissitudini interne si riflettono sempre sulla natura intorno a noi. Non lo vediamo perché non siamo abituati a guardare. I miglioramenti non arrivano, se qualcuno che non ha il pollice verde non inverte la rotta. È un problema energetico: se scopri il tuo mondo lussureggiante, lo vivono anche le piante intorno a te. La natura è legata al nostro inconscio più di quanto crediamo.

Per questo a molti pazienti chiedo come stanno le loro piante. Marina mi aveva cercato perché io avevo le parole giuste da dirle… Le ho detto della Signora della notte. Aveva fatto tanti colloqui, tante cure… Ma cercava la causa dei suoi rifugi autunnali nel passato, attraverso spiegazioni e interpretazioni che non portavano a nulla. La Signora della notte invece voleva scendere in campo subito, agire, vivere la passione, l'eros, ma aveva bisogno che qualcuno glielo dicesse, per riuscire a superare le resistenze dell'Io. Come spesso accade, quello che non è successo in una vita è arrivato all'improvviso una sera, quando Marina ha trascorso momenti "indimenticabili"...

Quello sguardo sull'anima che avevano i maestri, che vedevano la persona fuori dal tempo, era intervenuto quel giorno. Non c'era stato bisogno di nessuna seduta. Marina si era curata da sola... Come un navigatore GPS mi aveva individuato e trovato, per farmi dire quello che serviva a chiamare la Signora della notte.

Nessuna psicoterapia può funzionare in base al numero di sedute... Deve aprirsi uno squarcio nel Senza Tempo. Ognuno di noi possiede un'energia antica, perenne... A Marina è bastato immaginarla e tutto è avvenuto spontaneamente.

La Signora della notte è stata la sua psicoterapeuta, è scesa in campo e l'ha guarita. E le ha regalato "notti indimenticabili"...

La quarta mossa

ASPETTARE SENZA ASPETTATIVE

Svegliarsi la mattina e dirsi:
"Io non mi aspetto niente,
oggi vada come vada, sia come sia".
Allora succederà qualcosa di imprevedibile…
Si tratta di attendere un'energia sconosciuta:
solo da lei arriva la nostra vera vocazione,
anche se l'abbiamo soffocata per anni.
Non aspettarsi niente da se stessi e dagli altri
prepara le migliori sorprese.
La felicità arriva solo così.

In che cosa consiste la maturazione? Come si diventa individui maturi? Solo quando si è capaci di limitarsi a constatare, senza intervenire per cambiare le cose.

Caro dottor Morelli,

sono Marialuisa e ho 50 anni. Circa un anno fa venni al gruppo del giovedì a Milano per una depressione causata da uno "stato di depressione di mio fratello". Ahimè! Le chiesi come mai mi fossi fatta influenzare così tanto dalla sua situazione. Mi rispose: "Chissà dove ti vuole portare la depressione di tuo fratello...". Ebbene da quel momento circa, dopo neanche un mese, la mia vita cambiò. Sul lavoro mi spostarono di sede (faccio la bidella). Lì conobbi un professore più grande di me di circa 12 anni, mi corteggiò nella maniera più dolce. Guarii. Mi sentivo veramente bene e viva e abbandonai gli antidepressivi. Poi tra noi ci fu il distacco ma, come per magia, nella mia vita entrò un altro uomo. Mi corteggiò anche lui nella maniera più discreta e dolce. Ci sentivamo tramite messaggi, quindi mio marito venne a scoprire tutto clonandomi il cellulare tramite un'applicazione. Legge tutte le mie conversazioni, dà di matto. Da allora sono passati sette mesi e sono entrata in un vortice di emozioni, sensazioni, angoscia, sensi di colpa, mortificazione. Mio marito si riscopre innamorato, pieno di passione come quando avevo 14 anni (lui 18) ed eravamo fidanzati. Lui fa di tutto adesso, è premuroso e pieno di attenzioni, mi sembra un bambino bisognoso di coccole e di cura, tutto gira intorno a me, la sua salute, il suo umore. Pretende da me attenzioni che io non riesco a dare, mi dice: "Dobbiamo impegnarci, dobbiamo superare questa crisi, dobbiamo..." e io mi allontano sempre di più. Lui batte i pugni sul tavolo, ha continue crisi nervose. E io, dottor Morelli, intanto non riesco a non sentire e incontrare l'altro uomo. È più forte di me... Mi sento in colpa nel vedere mio marito inerme, apatico, senza entusiasmo, che mi controlla e mi spia come un ossesso. Mi sento soffocare. Quindi dottor Morelli non so che fare, mi sento impazzire, imprigionata... Mi dia un consiglio. La ringrazio INFINITAMENTE.

La mia amica bidella ha scoperto in sé la donna erotica e ha eliminato la depressione e gli psicofarmaci.

A 50 anni è diventata capace di "constatare": che cosa significa?

La voce del senso comune le diceva: "Sei sposata... Meglio depressa che una donna libera...". Ma l'inconscio, quando scende in campo nella maturità, non ha esitazioni. Deve far scaturire l'energia necessaria per l'evoluzione che ha scelto. "Maturità" vuol dire constatare la presenza della donna erotica, della Venere, e non allontanarla. Questo può accadere quando l'anima ha le sostanze per far sì che avvenga il processo: fondamentalmente, è un problema di energia.

Il Sé dice che non posso andare avanti, non posso fare il mio fiore, e quindi il mio frutto, senza l'energia di Venere. Così questa energia viene a trovarla ben due volte, con due amori che somigliano l'uno all'altro.

A questo punto, affinché l'energia di Venere porti a maturazione la donna erotica che abita Marialuisa, c'è bisogno di un tabernacolo segreto. La psicologia di questi anni è diventata un fiume di parole quasi sempre inutili. Non c'è essere umano di questo nostro mondo occidentale che non pensi che per stare bene sia fondamentale parlare di sé, confidarsi con un amico, magari, o parlare con un esperto: comunque analizzare, spiegare, capire. Così è stata trascurata l'arte di nascondersi, il vero, forse unico, presidio terapeutico.

Quando l'energia di Venere arriva a trovarti, quando sei stato scelto da lei, il tuo compito consiste nell'occultarla alla vista dei profani. La stessa cosa vale quando scopriamo tendenze che magari per anni si lasciano intravedere, ma che solo maturando assumono contorni più nitidi. La via dell'autorealizzazione, o dell'individuazione, come la chiamava Jung, non è la via della redenzione, non è il cammino di chi vuole diventare un buon parrocchiano, una cosiddetta "brava persona".

> È anche erroneo pensare che l'individuazione sia una forma di autoredenzione. Non lo è per nulla. Come Lei stesso ha spiegato molto bene, ci si espone a tutte le potenze del non-Io, del paradiso e dell'inferno, della grazia e della distruzione, per giungere a quel punto, in cui siamo divenuti capaci di accettare quegli influssi.[10]

Nascondere la dea che era venuta a trovarla, che si era "presentata" sotto la veste di due amanti: questo era il compito di Marialuisa. Nascondere Venere, ringraziarla e affidarla al buio più profondo, al nero, alla notte: questo era il lavoro di Marialuisa. La dea era venuta a trovarla, ma non voleva essere vista, voleva essere protetta dalle minacce del mondo, dallo sguardo omologato del marito, dai mostri che la volevano cacciare via. Così quando suo marito se ne è accorto è scattato l'inferno. La gioia dell'amore è diventata senso di colpa. Quell'uomo che la ignorava da anni è diventato il suo persecutore, il suo orco. La vuole possedere, come un oggetto, come un ricordo, non accetta la donna libera, gioiosa, innamorata che si trova di fronte: le donne innamorate incontrano le paure, la rabbia e il disprezzo di coloro che le hanno trascurate e ora hanno paura di perderle.

Che fare? Basterà ritrovare la mente segreta, nascosta, che ha smesso di credere di star male a causa del fratello,

[10] Carl Gustav Jung, *Esperienza e mistero. 100 lettere*, a cura di A. Jaffe, Boringhieri, Torino 1982, p. 95.

che ha buttato via gli psicofarmaci, che è passata dal primo amore a quello successivo.

Se Venere viene protetta, ci offre sempre una seconda chance. Dobbiamo diventare custodi segreti dei nostri desideri: allora ci porteranno verso la maturazione. Dobbiamo custodire queste energie e lasciarci portare, evitando di ostacolarle.

C'è una trama che l'anima sta tessendo per noi: la testa non può comprenderla, deve lasciar fare senza intromettersi. Ecco perché non ci sono mai decisioni da prendere...

Lascia sempre scegliere all'anima

"Non so che cosa decidere" mi dice Anna, 40 anni, "se andare a vivere con lui o restare con mio marito."

Sono tante le persone che mi scrivono perché non sanno decidere, tra un lavoro e un altro, tra l'avere un figlio o rinunciare, tra il rimanere single o convivere, tra il restare e il partire. A volte le decisioni sono più terra terra: vado o non vado alla festa? Parto per il mare o rimando? Ma quando si deve prendere una decisione, quale lato della nostra anima chiamiamo, a quale forza mentale chiediamo di scendere in campo?

"Come posso decidere" mi dice ancora Anna "se trovo dentro di me due forze che mi tirano in direzioni opposte? Con mio marito ho tante cose belle da condividere, l'altro mi piace per la passione. Più ci penso, più mi riempio di dubbi. Sono mesi che valuto i pro e i contro, ma non decido mai, penso ai figli, mi arrovello e mi faccio male."

Decide il cuore di battere? Oppure c'è in noi qualcosa che sta facendo il suo viaggio e le cose che ci capitano sono semplicemente onde del mare della vita, alle quali non si deve dare troppa importanza? Davvero bisogna decidere? In che area della nostra mente si prendono decisioni?

"Ci penso e ci ripenso" ripete Anna.

I ragionamenti, come ben spiegava il grande Plotino, non possono nulla nei confronti delle cose essenziali della nostra vita. Anzi, tutte le decisioni che prendiamo dopo averci pensato e ripensato, dopo averci ragionato a lungo, valutando i pro e i contro, sono quasi sempre sbagliate.

E allora quali sono le decisioni giuste? Come si prendono?

Il nostro Sé ha intrapreso il viaggio verso la propria meta: di fronte a questo, che importanza possono avere un lavoro o un altro, un amore convenzionale o trasgressivo, e soprattutto il parere degli altri, dei benpensanti?

Insomma, c'è una forza nascosta che sta decidendo al posto nostro quale strada seguire e quelle che chiamiamo "decisioni" sono semplicemente illusioni cui diamo l'importanza che non hanno.

Quando ci sentiamo a un bivio e pensiamo di dover scegliere la strada ci troviamo nella dimensione più superficiale di noi stessi. In realtà dall'anima le decisioni vengono prese in un attimo... e sono già state prese, mentre noi ci sentiamo combattuti tra il sì e il no.

La nostra preoccupazione di decidere, in sostanza, fa soltanto perdere tempo all'anima e ci riempie di dubbi inutili.

C'è solo la tua strada!

La tua anima ti ha fatto innamorare di un altro, perché tu riesca a lasciare tuo marito? Oppure ti ha fatto incontrare una passione accanto all'uomo tradizionale con cui vivi? L'anima vuol farti incontrare la donna tradizionale accanto a quella ardente, trasgressiva? Se così fosse, resistere vorrebbe dire andare contro se stessi...

Dentro di noi c'è un sapere profondo, è lui che decide, che ci fa amare certe persone, intrattenere certi rapporti di amicizia, scegliere un lavoro, litigare... ma sempre con un fine più alto, quello di maturare, ovvero di realizzare la nostra personalità e quindi il nostro destino.

Sentite Jung:

> La strada che si cela dentro di noi è come un elemento vivente della psiche, che la filosofia classica cinese chiama "Tao" e paragona a un corso d'acqua che inesorabilmente scorre verso la propria meta. Essere nel Tao significa compi-

mento, integrità, vocazione pienamente realizzata, principio e fine, e completa realizzazione del significato dell'esistenza intrinseco a tutte le cose. La personalità è il Tao.[11]

Ci innamoriamo, cambiamo lavoro, seguiamo vocazioni e passioni semplicemente perché lo vuole la nostra essenza: le "nostre" decisioni sono ininfluenti, possono solo disturbare il viaggio.

È più importante il tuo lavoro

Non c'è fiore che non sbocci quando c'è il sole, e non c'è fiore che non si ritiri quando arriva il maltempo. Anzi, fiori come l'iris e la passiflora lo sanno perfino in anticipo... Non c'è cosa più difficile al mondo che trasformare il polline in miele: eppure le api lo fanno con grande semplicità. Seguono la loro vocazione... Non devono decidere, lo fanno e basta. Che direste di un'ape che si mette a seguire la vocazione di una formica?

Vorrei dire ad Anna che è per questo che ci innamoriamo: per avere da Eros l'energia per intraprendere più forti, più sicuri, più fiduciosi il nostro viaggio. Non per scegliere! Non c'è niente da scegliere... Le uniche decisioni che contano sono quelle che vengono spontaneamente, senza averci pensato.

"Si è formata in me la certezza, senza tentennamenti: dovevo fare l'ostetrica, non più l'infermiera. Non ho ascoltato nessuno, sono partita e via. Tutti mi davano della pazza, io non avevo nessun dubbio" mi dice Amelia, 36 anni.

Prima di scegliere la "vocazione" dell'ostetrica, Amelia aveva sofferto di tutto: attacchi di ansia e poi di panico, crisi coniugali con conseguenze economiche devastanti, insuccessi lavorativi e infine la depressione. Non appena ha deciso di iscriversi al corso di ostetrica (che durava tre anni) la sua nevrosi di colpo è sparita...

Se non segui le decisioni dell'anima ti ammali.

[11] Carl Gustav Jung, *Lo sviluppo della personalità*, in *Opere di C.G. Jung*, vol. XVII, Bollati Boringhieri, Torino 2015, p. 180.

> La nevrosi è dunque una difesa contro l'attività interna oggettiva della psiche, ovvero un tentativo, pagato abbastanza caro, di eludere la voce interiore e quindi la vocazione.[12]

Dobbiamo imparare a non decidere con la mente, con i ragionamenti, ma ad aspettare che qualcosa di profondo ci indichi la direzione. Ma come facciamo a sapere se siamo sulla strada giusta? Perché la decisione arriva da sé, senza pensieri, senza tentennamenti, nel silenzio mentale, come è successo ad Amelia. Evitare di prendere decisioni è la prima cosa da fare. E poi bisogna imparare a "immaginare".

Ad Anna facevo immaginare di essere la donna trasgressiva, vestita con un abito provocante. E contemporaneamente le chiedevo di visualizzare, a occhi chiusi, l'immagine di una madre di famiglia, di una donna che allatta. L'immagine di Venere e di Maria... insieme.

Non c'era niente da decidere. Semplicemente, per andare verso la sua meta, Anna aveva bisogno di un'immagine trasgressiva accanto a quella della purezza. Ulisse non ha forse incontrato Circe e Calipso per tornare a casa, alla sua terra promessa, a Itaca? Anna non doveva "scegliere" tra Circe e Penelope: per fare il suo viaggio aveva bisogno di tutt'e due.

Fidarsi di se stessi è questo: lasciare decidere all'anima, che sa dove portarci. Le altre decisioni sono ininfluenti e accanirsi sulle scelte ci fa ammalare.

Non lottare con te stesso

Qualche giorno fa un giornalista mi ha domandato: "Dove si arriva, che cosa si raggiunge lavorando su di sé? E, soprattutto, si conosce finalmente la quiete, la pace, se non la felicità?". La mia risposta l'ha sorpreso: "Si impara a non lottare più con se stessi". Il giornalista, perplesso, ha chiesto ancora: "Che cosa vuol dire? Che qualsiasi cosa

[12] Ivi, p. 177.

faccio va bene? Che non devo più correggermi, che devo lasciare dentro di me tutte le brutture di cui sono fatto?". A modo suo aveva colto molto di quello che stavo dicendo, anche se non gli piaceva. "Ma allora" ha aggiunto, "la psicoterapia non è il posto per diventare migliori, persone per bene, che non fanno più errori, che si comportano in modo etico?"

"Tao significa 'Via'" dice Granet,[13] ma non si tratta di una via comune, di una recita buonista alla ricerca del consenso degli altri. Conosco persone che appena compiono un'azione buona, o cosiddetta buona, corrono a raccontarla a destra e a manca. Maturare non è migliorare secondo la morale comune, diventare più buoni. Semplicemente si tratta di andare verso un'altra percezione. Vedere l'immenso in qualsiasi azione è il Tao, vedere nel silenzio e nel Nulla la psicologia dell'anima: questo è il sapere dei taoisti.

> Perché la percezione sia pura, bisogna che essa sia diffusa, si riferisca al totale e non ai particolari delle cose.[14]

Ai gruppi del giovedì, molti mi domandano cos'è la percezione pura. È uno sguardo senza commento: scopro il desiderio erotico e non ho niente da dirmi, sento l'insicurezza e non decido, avverto il dolore e non cerco la causa. Aspetto… senza aspettative.

Ai pazienti che vengono da me, insegno ad aspettare qualcosa che non sanno dov'è né quando arriva né soprattutto che cos'è. Si entra nel regno cosmico dell'attesa, dove vivono energie cerebrali incontaminate. Il mio lavoro mi ha insegnato che, forse, il nostro cervello raggiunge il massimo della sua potenza guaritrice quando impara a restare in attesa, senza intervenire.

In cosa consiste il saper aspettare?

L'allievo: "Maestro, facciamo qualcosa".

Il maestro: "Stiamo facendo qualcosa".

13 M. Granet, *Il pensiero cinese*, cit., p. 235.
14 Ivi, p. 398.

L'allievo: "Ma siamo qui fermi, senza far niente".

Il maestro: "Stiamo aspettando".

L'allievo: "Che cosa aspettiamo?".

Il maestro: "Stiamo aspettando il Nulla, qualcosa che non sappiamo cos'è".

L'arte di attendere è preziosa, ma non si tratta di aspettare qualcuno o qualcosa, un successo, una promozione, un amore... Bisogna aspettare... senza aspettative, come una donna gravida che aspetta il suo bambino.

Quando stai male, quando la tua anima viene ferita, affidati all'attesa di un'energia sconosciuta... Io non devo scacciar via i miei disagi, ma voltarmi verso il buio, verso lo sconosciuto che mi abita. La semplice attesa di qualcosa che non sappiamo cos'è spazza via la nostra identità, che è la causa dei nostri mali.

Aspettare che l'energia del Tao rimetta le cose a posto, questo insegnavano gli antichi maestri cinesi.

Io aspetto... C'è più sapere nel non fare e nell'aspettare che in tutti i nostri ragionamenti. Questo è il *wu-wei* dei taoisti.

La quinta mossa

VIVI LA TRASFORMAZIONE SILENZIOSA

I maestri avevano insegnato ai loro allievi
che dentro ognuno di noi, a nostra insaputa,
sta arrivando una maturazione spontanea.
Senza accorgercene, ci trasformiamo
da germoglio a pianta, a fiore, a frutto.
Immaginare, seguire i propri desideri
attiva la nostra realizzazione.

Cercare di diventare qualcuno o qualcosa di preciso è ben diverso dal limitarsi a osservare l'energia silenziosa che ci abita, mentre onde di paura, ansia e tristezza ci attraversano. A mano a mano che arrivano, affidiamole al buio, al silenzio.

A Franca, che soffriva di attacchi di panico e che voleva raccontare che cosa era andato male nella sua vita o che cosa non funzionava, ho detto di chiudere gli occhi e cercare il buio. Inizialmente resisteva solo pochi istanti con le palpebre abbassate: subito riapriva gli occhi.

"Lasci le cose come sono, non si sforzi di stare meglio, ascolti il silenzio" le ripetevo. Le raccomandavo di non parlare con nessuno dei suoi problemi, dei suoi disagi.

Difficilmente, quando stiamo male, cerchiamo il silenzio, e non sappiamo quanto può aiutarci. Perché ogni atto di consapevolezza nel buio, ogni immagine che troviamo nel silenzio, attiva il mistero della trasformazione silenziosa, così cara ai taoisti.

> Il pensiero cinese ci educa proprio a questo, perché coglie in ogni stato una trasformazione, in ogni situazione una propensione.[15]

[15] François Jullien, *Essere o vivere. Il pensiero occidentale e il pensiero cinese in venti contrasti*, Feltrinelli, Milano 2016, p. 132.

"Chiuda gli occhi, si allontani dal disagio, adesso entriamo nel regno del silenzio. Proviamo a cercare in questo regno un profumo, e un fiore, e un animale, poi un elemento naturale (il mare, la montagna...) per cui sentiamo affinità."

Si può pensare che siano esercizi inutili, meglio uno psicofarmaco che calmi, dia euforia o faccia dormire. In realtà, la via delle immagini è il modo più semplice ed efficace per superare i malesseri. Purtroppo però non si è più abituati a farlo...

In genere poi, nel buio, nel silenzio, invito a cercare un'immagine: solo nello stato della mente silenziosa, a occhi chiusi, i disturbi possono allontanarsi. Magari per un po' torneranno, ma via via che si dà spazio alle immagini, alle fantasie, il cervello apre le porte ad altre energie, ad altri circuiti cerebrali.

Zambon, raccontando di Pessoa, scrive:

> Il sogno, la finzione, la poesia sono più reali della cosiddetta realtà perché ci fanno penetrare in quel Regno che si trova al di là di tutti gli oceani, di tutti gli universi e di tutti gli dèi.[16]

Le immagini sono la casa del Tao.

> Dal sottile e silente mistero emergono le immagini.[17]

Le immagini sono forse l'energia trasformativa più potente che possediamo ed esprimono tutto il loro potere terapeutico nel silenzio. Immaginare in silenzio un bosco, una sorgente, una donna antica... Quest'attività creativa porta a notare la presenza di nuove tendenze, di nuovi desideri, di nuovi interessi che si affacciano in noi. Immaginare attiva la trasformazione silenziosa. Ogni immagine entra nell'inconscio e lì lavora...

Dopo un po' ci accorgeremo che i disagi se ne sono andati, che accadono nuovi eventi, si aprono nuove strade, capitano nuovi incontri.

[16] F. Pessoa, *op. cit.*, p. 24.
[17] Lao Tzu [Lao Tse], *Tao te Ching*, Mondadori, Milano 1998, p. 41.

Non si vede la spiga crescere; poi, un giorno, ci si rende conto all'improvviso che è matura e pronta per essere tagliata. Oppure, nel corso dell'apprendimento, non si vede il progresso mentre si compie; poi, un giorno, ci si rende contro all'improvviso che si "realizza" che si è "arrivati". Tra la pazienza dell'attesa e lo zampillare del risultato, il tempo presente, mediano, sfugge.[18]

Cambiare mentalità è più facile di quello che si pensa e produce effetti inimmaginabili.

Gentilissimo dottor Morelli,

mi chiamo Sonia, ho 47 anni e finalmente sono serena. Perché? Perché ho letto per caso un suo libro, mi si è aperto un mondo tutto da scoprire e ho capito perché stavo male. La causa ero IO! *Io e basta! Ero infelice, depressa, e l'endometriosi, il distacco della retina e il sovrappeso erano solo alcuni dei miei disagi. Ora capisco che erano segnali che mi inviava la mia anima. Mi diceva che dovevo far qualcosa perché c'era una Sonia che stava scalpitando, ma che veniva schiacciata da quella razionale, la Sonia perfetta in tutto: moglie ubbidiente, madre premurosa, che teneva la casa sempre in perfetto ordine. Poi ho detto* STOP! *Sposata da ventitré anni, non ho mai lavorato e ho patito molto la solitudine, ma secondo mio marito la donna deve restare a casa e io ho accettato. Poi ho deciso di cominciare a uscire almeno un pomeriggio alla settimana. Un giorno, a dicembre, incontro un uomo che conoscevo già, ma quel giorno in me scatta qualcosa: me ne innamoro. Sono confusa, spaventata, mi sento sporca dentro, mi insulto a voce bassa, non dormo per nove mesi e intanto dimagrisco di 15 chili. In casa e fuori sono tutti preoccupati perché pensano che io sia diventata anoressica (sono alta 171 cm e sono arrivata a pesare 48 chili), ma io sento che sta succedendo qualcosa. Dopo nove mesi mi impongo di far sapere a quest'uomo i miei sentimenti. E qui le confermo quanto lei*

[18] F. Jullien, *op. cit.*, p. 133.

ribadisce sempre: sono una moglie premurosa, ma quando sono con lui scopro una Sonia passionale di cui non conoscevo l'esistenza. Mi stupisco di me stessa e, spaventata da questi miei aspetti "oscuri", decido di troncare il rapporto. Ma è rimasto qualcosa... Quell'uomo ha fatto rifiorire la donna che era in me, la donna passionale.

Ora tutti mi guardano con ammirazione e le dico anche che ho iniziato a lavorare. Ho frequentato un corso da agente immobiliare molto impegnativo, ho superato l'esame al primo colpo e da febbraio lavoro presso un'agenzia. Mi piace il lavoro che faccio, il contatto con la gente, ho un ottimo rapporto con i colleghi e lo stesso con i titolari. Sono arrivate anche le prime soddisfazioni: ho venduto e affittato case. Quindi lei deve raccontare la mia storia e dire alle sue pazienti di non perdersi d'animo.

Ora ho fame di amore. Di passione. Con mio marito non va male, però la passione non la sento più. Le racconto un'altra cosa a riprova delle sue parole. Da quando sono rinata, alcuni uomini si sono presi una cotta per me, uno molto seriamente (so che lei non giudica). Io sono contenta di questa nuova energia e ho voluto provare ad avere una relazione con due di loro. Sono folle, lo so, ma mi sento bene. Con quello innamorato poi ho deciso di troncare, perché lui voleva di più (stava addirittura per lasciare la moglie). Sto continuando con l'altro (c'è una passione smisurata tra di noi) e non ci chiediamo nulla, ma lasciamo che le cose facciano il loro corso con naturalezza perché, come dice sempre lei, l'anima non ha bisogno di domande. Però l'ultima volta che abbiamo fatto l'amore si è creata un'emozione che non avevamo mai provato... Spero che non si vada oltre perché è bello così! Naturalmente non ne ho parlato con nessuno ed è vero: tenere dentro queste emozioni è bellissimo! Aggiungo solo un'ultima cosa che fa capire quanto la nostra psiche ci guidi. Quando faccio l'amore con mio marito devo ricorrere al lubrificante, altrimenti non si riesce. Con l'altro non ho bisogno di nulla!

Lei deve portare a conoscenza queste cose che le ho scritto, perché so che aiuteranno tante donne. È inutile anda-

re in cerca dei responsabili dei nostri disagi: si tratta solo di NOI *e solo* NOI *possiamo e dobbiamo far uscire la nostra vera natura.*

La ringrazio per aver dedicato del tempo alla lettura della mia storia, ma ci tenevo a raccontarla.

Che cosa ha fatto Sonia? Ha semplicemente cambiato il modo di vedere le cose, trovando il coraggio di far vivere la dea che l'abitava. Forse Afrodite, un'energia misteriosa, tra paure e tristezze, l'ha condotta verso il femminile e le sue leggi.

È in splendida forma, l'insonnia, l'endometriosi, il distacco della retina e la depressione sono guarite, e ora sta bene. Ma non sono stati i miei consigli, che ha letto su "Riza Psicosomatica" e nei miei libri, a farla star bene: quelli hanno semplicemente attivato le energie sconosciute che volevano guarirla, e ciò che lei credeva di essere, che il suo Io l'aveva abituata a essere, è svanito: la trasformazione silenziosa ha prodotto il risultato. La mentalità è cambiata.

> Ed è proprio perché la progressività è silenziosa che ci si rende conto solo in un *secondo tempo*, con sorpresa, del vantaggio al quale essa conduce, quando il risultato è già là. Ma questo zampillare del risultato, che avviene "come" con un salto, introduce discontinuità solo in apparenza.[19]

Ai gruppi del giovedì faccio chiudere gli occhi e immaginare… È incredibile vedere come immaginando una dea antica, una sorgente, un bosco o un profumo, certe situazioni drammatiche trovino la loro soluzione.

Se è avvenuto una volta, dicevano i cinesi, può accadere sempre. Affidare i disagi al silenzio è affidarsi al regno della trasformazione. Si tratta poi di aspettare… senza aspettative.

[19] *Ibid.*

La sesta mossa

PROTEGGITI CON LA PSICOLOGIA DELLA TANA

Se qualcuno mi domandasse che cosa serve
per stare bene, rispondo nascondersi.
Sì, ogni tanto nella giornata, anche per pochi secondi,
occorre occultarsi, sparire dalla vista degli altri.
Nel ripostiglio, in bagno, dove volete…
E la sera, prima di dormire, immaginare un rifugio…
È il rito più antico che esiste.
Salva le energie primordiali del cervello.
Così avviene la rinascita.

Quando Elena parlava di suo marito che se ne è andato, mi diceva: "Non ho più neanche una goccia di autostima". Le ho consigliato di chiudere gli occhi e "rifugiarsi nella tana". È un rituale antico, che consiste nell'immaginare un rifugio, un luogo nascosto in cui occultarsi.

Ognuno ha la sua tana: immaginate di nascondervi, per qualche istante, più volte al giorno. È bene farlo la notte, prima di dormire, invece dell'inutile esame di coscienza.

La miglior cura dei disagi dell'anima è nascondersi, sparire nel buio dentro se stessi, evitando di continuare a parlarne e rimuginarci sopra. Sono le immagini antiche, come la tana, che curano, non i pensieri.

"Non voglio diventare più forte, più bravo, più capace, non voglio risolvere i problemi. No, io mi nascondo in un luogo che assomiglia a un nido, il *mio* nido." Queste sono le parole da dirsi.

Nascondersi ci fa bene, perché il Sé, la nostra essenza, vive occultato, come l'uovo coperto dalla paglia nel nido. Ciò che crea la vita sta nascosto in uno spazio chiuso, come l'utero. Solo quando siamo nascosti avvengono le metamorfosi...

E se le tue paure, le tue incertezze, le tue ansie fossero gli elementi attraverso i quali si produce il cambiamento, il divenire, la trasformazione?

Elena ha seguito il mio consiglio: la sera non vedeva l'ora di mettersi a letto e cercare la sua tana. Qualche giorno fa mi ha mandato una cartolina con una spiaggia, gli alberi e il mare.

Buongiorno dottor Morelli,

le mie vacanze sono state speciali... Natura, solitudine, accoglienze, panorami, immagini, meraviglia, la tana notturna e attimi di felicità senza alcun motivo.

Con sincera gratitudine.

Stiamo male perché non ci lasciamo condurre dall'essenza? Credo proprio di sì. Noi pensiamo che autostima sia sinonimo di sicurezza. Ma all'essenza interessa unicamente la propria fioritura, e nient'altro!

Nascondersi, cercare il Nulla, il vuoto, il buio, che sono la casa del sapere innato. Giorno dopo giorno, continua la metamorfosi verso il fiore e il frutto che siamo.

Ma se io non sono più quello di ieri, come può il mio dolore durare così a lungo? La donna che è stata lasciata è la stessa che vuole ritrovare l'amore perduto?

Ti hanno lasciato? Cerca la tana dove sparire, dove far vivere l'oblio. La gioia di vivere di Elena scoppia dentro di lei quando si libera dal passato, dai ricordi di lui, quando rinuncia all'autocritica... e all'autostima. Se fai il tuo albero, anche tra i dolori della vita, non ti serve l'autostima. Non ti serve valutare se sei bravo o no. Sono modelli che ti fanno perdere di vista la tua autenticità e la tua unicità. Ognuno di noi è una goccia d'immenso, una molecola d'eternità, che scorre tra le cose. Sarebbe misera cosa pensare che qualcuno possa decidere il suo fiore.

Nascondersi è ragionare con le radici: mentre tutto passa, mentre la caducità ci mostra che siamo in perenne mutamento, le radici continuano a produrre la nostra pianta. È la via del Tao.

> Per ritrovare in sé l'uomo naturale e la Natura non c'è che ridiventare se stessi e "conservare in pace l'essenza di vita che appartiene al proprio io (*ngan ki sing*)". "Non passare la tua porta, conoscerai l'intero Impero. Non guardare dalla finestra: ti apparirà il *Tao celeste*."[20]

[20] M. Granet, *Il pensiero cinese*, cit., p. 389.

L'esercizio della tana, del rifugiarsi in un nido per entrare nel regno della notte, del vuoto, è di pertinenza del taoista, che ritiene che a mano a mano che ci si avvicina alla spontaneità naturale si realizzano veri e propri prodigi, risultati terapeutici inimmaginabili. Rifugiarsi nella tana è allontanarsi dal pensiero comune, dalla morale dei tempi, sempre artificiale.

Ed ecco la regola della saggezza:

> Ogni dogma è nocivo. Non vi sono buone opere. Sono efficaci soltanto il silenzio e la quiete (*tsing*). "Avvicinati! Ti dirò che cosa è il Tao supremo (*tche Tao*)! Ritiro, ritiro, oscurità, oscurità: ecco l'apogeo del Tao supremo! Crepuscolo, crepuscolo, silenzio, silenzio: non guardare niente, non sentire niente!"[21]

E anche la via dell'indipendenza, della consapevolezza che solo tu, e nessun altro, puoi prenderti cura dei tuoi disagi. Nascondersi è chiamare l'essenza, che vive nascosta come la noce nel guscio, il cervello nel cranio.

Non riesci più a dormire? Rifugiati nel tuo nido

Rossana non dormiva più da mesi.

> *Una lotta col cuscino, mi rigiravo nel letto fino a che, senza svegliare il mio compagno, mi alzavo. Andavo a vedere il piccolo, che ha tre anni, che dormiva, e poi in cucina mi veniva l'ansia. Tutta notte su e giù dal letto.*

La svolta è arrivata quando ha letto per caso un mio libro, in cui dicevo che di fronte ai disagi che ci assalgono è fondamentale trovare un rifugio immaginario, nascondersi in una tana e farsi avvolgere dalla notte. Rossana ha seguito altri consigli di questo tipo ed è venuta a raccontarmeli a un incontro di gruppo che teniamo il giovedì al Centro Riza.

[21] Ivi, p. 388.

Per prima cosa non ne ho parlato con nessuno, nemmeno con il mio compagno e le mie amiche. La tana che immaginavo era un grande nido su un albero. Era un rifugio perfetto. Nel mio nido mi portavo alcuni oggetti come talismani: una penna che mi avevano regalato a un compleanno, una pietra di lapislazzulo, un piccolo scoiattolo che mi faceva compagnia.

Le immagini che facciamo entrare nella nostra coscienza sono il perno della cura dei nostri disagi. Le immagini non vengono mai sole, ma arrivano come un vero e proprio sciame.

Via via che immaginavo il mio rifugio, mi sentivo protetta e subito dopo mi addormentavo. Una volta, mentre ero nel mio nido, mi è arrivata spontaneamente anche l'immagine di me stessa che nuotavo. Mi sono vista nuotare nel mare. La cosa sorprendente è che ho sempre avuto paura dell'acqua.

Detto, fatto! Nei giorni successivi, sempre senza dirlo a nessuno, Rossana si iscrive a un corso di nuoto in piscina: in pochi giorni ha imparato a nuotare.

Senza paura, senza i timori che invece avevo sempre avuto a entrare in acqua.

L'immagine che le è comparsa nel suo rifugio annunciava quello che poi sarebbe accaduto: per la prima volta nella sua vita ha sentito l'affinità con l'acqua, con il regno dell'anima, che è liquida, capace di assumere tutte le forme. Per questo gli antichi dicevano che l'anima è femminile.

Ai gruppi del giovedì faccio spesso immaginare l'acqua: ogni volta che chiudo gli occhi e vedo l'acqua entro nel regno del movimento, dell'energia che scorre, che porta via i disturbi. L'immagine dell'acqua richiama i primordi dell'anima, la rigenerazione, il liquido amniotico, la vita, il seme...

Così l'acqua è il simbolo della saggezza: essa offre l'immagine della quiete, della buona accoglienza e del disinteresse. Indifferente, "cedevole, che non si logora", che non cerca né di agire né di conoscere, *"l'acqua non ha rivendicazioni"*, accetta ogni forma, ogni posto; "essa va verso il basso che tutti disprezzano", è "la grande confluenza di tutte le cose", il che non le impedisce, poiché ogni impurità non fa che attraversarla (per il puro tutto è puro), di offrirsi come una massa limpida; si intorbida soltanto quando è agitata, ma queste agitazioni non durano perché non vengono da essa.[22]

Rimuginare non aiuta

La tecnica del rifugio, attraverso cui immaginare un luogo in cui ripararsi, nascondersi, appartarsi, apre sempre la porta a percorsi insospettabili per la mente ordinaria. Lottiamo contro l'insonnia, non la vogliamo, per noi è un fastidioso problema da risolvere. Cominciamo a rimuginare su cosa non va nella nostra vita, cosa abbiamo sbagliato, se stiamo con la persona giusta, se il nostro lavoro è quello adatto a noi, se siamo abbastanza amati.

Quando immaginavo la mia tana, il mio nido, all'inizio sentivo un po' di fastidio. Mi sentivo sola. Via via però provavo il piacere di essere in un posto solo mio, nel quale non poteva entrare nessuno, se non i miei oggetti preferiti.

Da un punto di vista energetico, la psicologia della tana ci regala un mondo. Non c'è animale della terra che non abbia un nido, una casa in cui nascondersi, così come noi nella nostra casa abbiamo un locale privilegiato e facciamo sempre lo stesso percorso. La tana è l'energia della rigenerazione, è il luogo dove nessuno può entrare, in cui non veniamo osservati e giudicati. Ogni volta che la immaginiamo, attiviamo l'energia della notte, dell'eterno femminile

[22] Ivi, p. 401.

che ci abita, del segreto che vive dentro di noi. La tana è l'utero dove si crea la nostra Immagine innata, che non sbaglia mai, che sa dove portarci. Non mi sono meravigliato che nel suo rifugio immaginario Rossana abbia poi trovato l'immagine della nuotatrice, della donna acquatica, che per anni aveva allontanato da sé. Rifugiarsi è dire a se stessi: "Io non ho soluzioni, pensaci tu...", affidandosi all'energia della notte. Ogni volta che entro nella mia tana immaginaria, entro nel Senza Tempo e scende in campo l'energia della creazione, la stessa che "ha fatto Rossana" nell'utero. Il simbolo del rifugio apre il cervello a energie terapeutiche, all'autoguarigione, che così può avvenire spontaneamente, come se l'anima dicesse: "Eccomi, sto tornando a prendermi cura di te, come ho fatto nell'utero quando ho creato il tuo corpo". Pensare e riflettere sui problemi cronicizza i disagi, l'immagine del rifugio attiva le energie perenni, giovani, creative del nostro essere. Le immagini sono il sollievo cui dobbiamo ricorrere quando stiamo male. Rifugiarsi dentro di sé è sparire dalla vita reale e affidarsi al sogno, dove abitano le vere risorse dell'anima.

Spegni i pensieri e scendi nella tana: il sonno arriverà

La tecnica del nido in cui rifugiarsi, raccontata da Rossana, è facile da apprendere: si tratta di chiudere gli occhi e visualizzare uno spazio segreto, inaccessibile agli altri. In questo spazio possiamo immaginare di portare con noi una pianta, dei fiori profumati, un animale amico o gli oggetti per cui sentiamo affinità. La tana spegne i pensieri e ci invita ad affidarci alla forza creativa dell'anima e alle sue immagini preferite. Bisogna avere pazienza: immaginare il rifugio ogni notte e aspettare. Ci accorgiamo che funziona via via che i tempi si allungano: la prima volta si immagina la tana solo per pochi istanti, poi si riaprono gli occhi e il disagio ritorna. Non fa niente: con le cose dell'anima ciò che più importa è saper aspettare.

Se perdi il senso della vita

A volte la "luce" della razionalità ci ipnotizza, e le conseguenze possono essere pesanti. È il caso di Adele che soffre di depressione: "Sto male da morire" mi dice, "la depressione riempie di nuvole grigie le mie giornate".

Il buio, la notte, il silenzio, l'assenza, la voglia di dormire, di non parlare con nessuno, il rifiuto di tutto e tutti sono la sua quotidianità da più di tre anni. Psicofarmaci, rifiuto di vivere, voglia di uccidersi, nessun entusiasmo, sguardo sul passato: questa è la giornata di Adele. Non va più a lavorare, la aiutano economicamente i genitori e qualche amico.

Quando il buio vuole trovare spazio nell'anima di una persona, io mi arrendo: non ho niente da dirle. Il buio è troppo antico per essere giudicato o fermato. Il buio non è mai banale, non viene mai a caso, è una nebbia che uccide i pensieri, cancella lo scopo di una vita, o meglio lo scopo che una persona si è data nella vita.

Adele ha iniziato a stare male quando ha cominciato a riflettere sul fallimento della sua vita. "Ho sempre voluto fare l'insegnante e invece sono un'impiegata, volevo fare la letterata e sono una ragioniera."

Chissà quanti di noi hanno pensato di aver sbagliato vita, di non aver realizzato quello che sognavano. Si sono adeguati e non sono diventati depressi, o comunque sono capaci di convivere con la loro tristezza.

Se sbagli la tua missione nella vita, starai male? Credo di sì, eppure molti si adattano e si barcamenano. Qualcuno, come Adele, no! Allora arriva la morte psichica: questa è la depressione. Si perde il "senso della vita", si entra in un labirinto dove non ci sono vie d'uscita. Com'è difficile, a volte impossibile, intervenire sul dolore dei depressi! Un muro invalicabile li separa dalla vita. Di fatto non esiste una psicoterapia della depressione: come terapeuta, non sai cosa dire, cosa fare.

"Penso solo alla morte" diceva Adele. "Sento una tristezza che mi sale dalla pancia. Non mi viene da piangere, sto bene solo nell'inerzia, nell'annientamento."

Fai tre cose per te

La depressione è il disturbo dell'anima più difficile da trattare in psicoterapia, perché preclude ogni via d'uscita... Non c'è paziente più testardo, più concentrato sull'annullamento di sé, sull'autodistruzione, di un depresso. Non c'è paziente che ti fa sentire così impotente. Devi stare bene, molto bene per occuparti di un depresso, devi averne voglia e devi vedere uno spiraglio. È questo senso di annientamento che spinge gli psichiatri a riempire di psicofarmaci i pazienti depressi. Si tratta di un vero inverno dell'anima: e l'inverno non vede mai la primavera che può arrivare. Così la psicoterapia con Adele era senza parole, senza commenti sulle sue fantasie autodistruttive.

Con i pazienti depressi che ho seguito, dopo tante sconfitte, ho imparato ad aspettare. Ad aspettare la primavera. Se uno psichiatra non sa aspettare, se non si fida dell'energia vitale, deve cambiare lavoro.

Adele diceva sempre: "Voglio tornare quella di prima". Non potevo rispondere che era proprio "quella di prima" che l'aveva fatta star male. Quella di prima era il passato, era quella che credeva di aver sbagliato vita, mentre la vita dentro di lei continua a scorrere.

Mi fido più della vita che delle parole: la vita è ricca di senso, al di là di quello che noi possiamo credere o pensare. Vivere è tutto ciò che abbiamo, è al di là della mente, dei ragionamenti, degli scopi che diamo alla nostra esistenza.

"Dorma quanto vuole, stia chiusa in casa, si rintani tra le coperte, spenga la mente guardando la TV e programmi demenziali, ma faccia due o tre cose al giorno per me", questo è stato il nostro patto.

"Che cosa devo fare, non mi darà compiti difficili?" ripeteva Adele.

"Anche se non ha fame, prenda tre volte al giorno dei cibi dolci che le piacciono, tipo miele, marmellata, tè zuccherato, caffellatte, quello che preferisce", questo è stato il primo compito che le ho dato.

Chiama in campo il corpo

Adele stava in casa, quasi senza uscire, ma faceva la spesa per comprare le tortine di marmellata, accompagnate dal Nescafé decaffeinato, che era l'unica bevanda che le piaceva.

"Decaffeinato dottore, se no mi sale anche l'ansia. E poi cosa devo fare?"

Adele era sempre spaventata da compiti troppo faticosi.

"Può fare un bagno tutti i giorni?"

"Sì, anche se mi fa fatica, questo posso farlo, perché mi piace l'acqua."

"Sì, ma un bagno in cui si accarezza il corpo, come se fosse la mamma di se stessa."

Anche il secondo compito è stato eseguito.

Il mio lavoro mi ha insegnato che, quando si sta male, va chiamato in campo il corpo: l'energia ancestrale della materia, se accarezzata, coccolata, ha poteri terapeutici immensi. La mente complica le cose fino a logorare le risorse, il corpo invece fa ripartire l'anima. Forse l'anima (la psiche) si ricorda di esistere e di scendere in campo quando il corpo la chiama, per dirle che è vivo, che l'energia vitale sta scorrendo. Con i bagni e le tortine alla marmellata il corpo di Adele ritrovava dei piaceri. L'intestino, che era bloccato, via via ha ripreso a funzionare e il desiderio si è risvegliato.

"Mi sono messa anche a fumare, avevo smesso da dieci anni. È più forte di me, sono proprio sballata..."

La sua vita si era ripiegata su se stessa, era diventata arida e vuota, priva di interessi. Ma i bagni, i dolci e anche il fumo restituivano al corpo lo stimolo a vivere e il desiderio.

Tornare a desiderare le cose materiali è un requisito fondamentale per uscire dalla depressione. Per ripartire bisogna affidarsi all'energia più antica, che è quella del corpo. È lei la madre di ognuno di noi: incessantemente ci rigenera, come una dea.

Cerca la semplicità

Il terzo compito era il più difficile: la luce. Sì, qualche minuto di sole al giorno, piantare un fiore in un vaso sul balcone, fare due passi nei giardini vicino a casa sua. Senza dirsi nulla, solo a osservare gli alberi, gli uccelli, l'erba. Nient'altro. La "sua vita senza scopo" ritrovava il "senso" nelle cose semplici.

Adele ha imparato a stare con se stessa senza più pretendere nulla: molti parlano del senso della vita, ma ne hanno un'idea cerebrale, cervellotica. La depressione segue sempre un eccesso di pensieri, una mente troppo controllata, un giudizio su di sé senza via d'uscita, con in primo piano le parole che Adele pronunciava sempre, come tutti i depressi: "Non vado mai bene".

Non stiamo mai così male come quando cerchiamo di dare un senso alla nostra vita, di guardarla, di condurla.

"Dovevo insegnare, non fare la ragioniera" va corretto in: "Adesso mi scaldo alla luce del sole, pianto un fiore, impasto il pane, faccio il bagno, mi accarezzo e... sono qui".

La vera felicità, la gioia di vivere, il senso di appartenenza al tutto,

> significa entrare in una vita che è completamente priva di scopo. Per lo zen come per il taoismo questa è l'autentica vita dell'universo, che è completa a ogni istante e non ha bisogno di giustificarsi anelando a qualcosa di altro da sé.[23]

Il senso della vita è uno stato energetico dell'anima, uno sguardo sull'eterno. Senza il senso, senza questa energia, l'occhio dell'Io si appanna, tutto è concentrato solo su di sé, e i falsi scopi ("Dovevo fare l'insegnante") ci annientano. Essere il più presenti possibile alle piccole cose, come mangiare un dolce, entrare nella vasca, esporsi alla luce del sole, ci riporta alle radici del nostro essere, dell'antico che ci abita.

[23] Alan W. Watts, *La via dello zen*, Feltrinelli, Milano 2000, p. 158.

La settima mossa

NON CERCARE DI MIGLIORARE

Volersi migliorare è un veleno che intossica la psiche.
Eppure tutti cercano di diventare più buoni,
più capaci, più forti.
Non sanno che ogni "lifting" che facciamo
alla nostra mente non fa che renderci peggiori.
Quando smettiamo di lottare con noi stessi,
di dirci come dobbiamo essere,
cominciamo a stare bene.

C'è in noi un'intelligenza innata che sta tracciando il nostro cammino? Un sapere profondo, che ci sta facendo maturare e ci orienta verso la nostra meta?

La domanda non è da poco. Se effettivamente siamo condotti da un nucleo nascosto, come fa il seme con la pianta per portarla verso il suo frutto, ogni deviazione da questo cammino può farci entrare in un labirinto in cui rischiamo di perderci. Siamo seduti, direbbe Granet, su un progetto nascosto, su qualcosa che "incorpora l'efficacia universale", che concretamente sta portando avanti il nostro viaggio.

Il cammino, il proprio cammino, è l'unica cosa che conta e non accetta deviazioni, che vengono pagate a caro prezzo. I disagi sono spesso legati alla perdita della nostra rotta, al fatto che ci incamminiamo su percorsi che non ci appartengono.

Marie-Louise von Franz sosteneva che, di fronte agli imprevisti, dobbiamo essere come il pino di montagna: se un masso gli cade addosso, curva il tronco, senza lamenti, per ritrovare la luce, nascosta dalla pietra. Si capisce da queste parole che si sta parlando di una mente naturale, spontanea, semplice, senza opinioni. È quella che dovrebbe portarci a essere ciò che siamo davvero, senza se e senza ma...

La salvezza, ci dice Granet, non è che un ritorno alla natura,[24] o meglio a quel nucleo naturale, a quel seme profon-

[24] Marcel Granet, *La religione dei cinesi*, Adelphi, Milano 2006.

do che fa di ognuno di noi un albero unico. Se ci allontaniamo dal tragitto che esso traccia per noi e ci incamminiamo su sentieri estranei finiamo per allontanarci dal Tao, dalla Via, in cui si crea contemporaneamente il mondo e la nostra unicità.

E questi criteri valgono anche in psicoterapia, dove è fondamentale ritrovare la spontaneità e dare ascolto al proprio progetto nascosto. Lungo questa Via si innesca il meccanismo dell'autoguarigione che non riguarda solo il corpo, ma anche l'intero sistema psichico. L'autoguarigione arriva spontaneamente, a patto di modificare lo sguardo, la percezione del nostro Io. Ciò che serve è ritrovare la propria rotta e togliersi dalla mente l'idea di migliorare.

> Ogni preteso perfezionamento non è che una fastidiosa escrescenza. Anzi è piuttosto un tumore maligno.[25]

Maturare è un processo naturale, spontaneo: invece, migliorare vuol dire adottare un modello esteriore e obbligarsi a seguirlo.

Quanti attacchi di panico sono figli della lotta tra la natura interiore che vuole maturare e il sapere convenzionale degli altri, a cui vogliamo adeguarci. Ecco cosa deve imparare ciascuno di noi.

> Egli deve solo ripiegarsi su se stesso: "dimenticando nell'immobilità (*tsouo wang*)" tutto ciò che non è altro che sapere convenzionale, purifica il suo cuore (*sin tchai*) di tutti i falsi desideri e di tutte le tentazioni che la società ha inventato. Così ristabilisce in sé la perfetta semplicità (*p'ouo*), che è lo stato nativo di ogni essere e dell'Universo intero.[26]

I Cinesi conoscevano come nessun altro l'importanza di allontanarsi dalle illusioni, dalle credenze acquisite dal mondo esterno.

Perché dovremmo migliorare? Perché sforzarci di diventare omologati al pensiero convenzionale? Migliorare secondo quale progetto? Quello di diventare più buoni?

[25] M. Granet, *Il pensiero cinese*, cit., p. 389.
[26] *Ibid.*

Il carattere (ciò che caratterizza) detesta l'imposizione di assomigliare ad altro. L'essere unico che siamo viene imprigionato dall'idea di perfezionamento: sarebbe come dire che una tigre realizzerà la sua missione quando sarà più dolce, meno aggressiva... addomesticata, come al circo.

Il primo gradino verso l'autorealizzazione è l'accettazione delle nostre caratteristiche, anche nel caso del carattere permaloso, dell'ira, della paura, dell'introversione. Quanti genitori vogliono correggere le timidezze dei loro figli, quanti di noi lottano con se stessi perché non hanno un carattere abbastanza "solare"! Accogliere la propria introversione come un dono prepara sviluppi inimmaginabili, mentre contrastarla ci porta a vivere divisi in due. Questo vale per tutte le cose di noi che non ci piacciono e che invece rappresentano energie preziose, elementi che possiamo avere al nostro fianco, come compagni di viaggio, come alleati.

Per i taoisti il vero veleno è la ricerca del miglioramento di sé.

> Ciò che è impuro e *germe di morte* è l'artificiale, l'acquisito: tutto ciò con cui la civiltà ha deformato e falsato la natura... Non bisogna violentare la natura, soprattutto col pretesto di raddrizzarla. Ciò che è curvo deve rimanere curvo. Non si pretenda di accorciare le zampe della gru e allungare quelle dell'anatra.[27]

Il rispetto di ciò che siamo, di come siamo, è il perno della salute mentale e di ogni autoguarigione psichica. Non si può e non si deve fare il lifting alla propria psiche; bisogna invece rispettare le sue caratteristiche particolari, che la rendono unica.

Il presunto "miglioramento" altro non è che una mano di vernice per nascondere la propria natura, nello sforzo di diventare come tutti gli altri. C'è un'indipendenza, un'autonomia che viene dall'essere soli in mezzo agli altri, dal non ascoltare nessuno, dal seguire la propria strada.

[27] *Ibid.*

Si "perde la propria natura (*sing*)" se si va dietro ai costumi; si "distrugge il proprio io" se si va dietro agli altri esseri.[28]

Il segreto è affidarsi al vuoto, al nulla: un'energia che all'inizio ci fa paura, presi come siamo dai pensieri. E che invece è la casa del Tao...

Non riuscivo a dormire, appena andavo a letto mi veniva l'ansia. Poi ho seguito il suo consiglio. Ho cominciato, prima di coricarmi, a cercare dentro di me, nella pancia, la sensazione di precipitare nell'abisso, di scendere nel buio, come ha detto una volta ai gruppi del giovedì.

Chi mi scrive è Anita (40 anni).

Questo esercizio del nero, del buio, lo facevo prima di addormentarmi, seduta alla mia scrivania, nella penombra. Poi a letto continuavo e non solo l'ansia se ne andava, ma sentivo il rifugio, il nido che mi proteggeva. E lì mi arrivavano le Immagini: ero una ballerina di flamenco, una rondine che migrava in Africa o una guerriera amazzone.

Il vuoto le portava immagini e lei le teneva con sé come compagne di viaggio: le sue amiche della notte.

Così ha ricominciato a dormire e così l'ansia si è via via allontanata.

Se sapessimo quanto i nostri disagi, le ansie, le paure ci stanno conducendo verso noi stessi! Ne avremmo cura, smetteremmo di scacciarli: perché restare con i propri disagi, accoglierli nel vuoto significa scoprire la propria natura. Se cerchiamo di cacciarli via in nome della "normalità" ci impediamo di scoprire nuovi mondi, di incontrare le nostre immagini, che sono la casa del nostro destino. Come il Tao diceva già tremila anni fa, il nostro mondo interiore è unico e irripetibile.

28 *Ibid.*

La psicoterapia che indaga il passato è un veleno, cercare di spiegare ciò che siamo in base a ciò che siamo stati è molto pericoloso per l'anima e il suo divenire, perché blocca i meccanismi dell'autoguarigione, che funzionano tanto più quanto più ci affidiamo alle immagini.

La teoria del Nulla

Incontrare le Immagini che abitano in noi significa diventare impersonali. Quando si diventa impersonali si comincia la vera vita di esseri umani. Non prima. Non è un processo che può realizzarsi di punto in bianco: impersonali si diventa solo maturando. Il frutto dell'albero si raccoglie solo da un certo momento in poi.

Cosa vuol dire essere impersonali? È un problema di energia: i poteri del cervello agiscono solo quando siamo capaci di estraniarci dal reale. Nascondersi, allora, è la prima vera terapia. "Non mi dica che cosa non va bene nella sua vita. Questo non la farà guarire. Chiuda gli occhi e immagini di nascondersi": è questo che chiedo ai miei pazienti. Non si ha idea del sollievo che dà occultarsi, entrare nel mondo della notte, sparire. Diventare impersonali è nascondersi.

Soprattutto, è nascondersi dall'idea che ci siamo fatti di noi stessi in base a valori e modelli esteriori. Il vero segreto è lasciare che le cose accadano dentro di noi, che la nostra essenza ci porti dove dobbiamo andare, senza distrarla. Lasciar scegliere la Signora dell'inconscio, il Nulla, che i Cinesi chiamavano *wu-wei* e gli ebrei chassidici *Shekinah*, il volto femminile del divino. Il Nulla è per loro la sostanza femminile, che trasforma tutti gli esseri come in un'interrotta gravidanza. Spesso i disagi sono tappe gravidiche, annunci di un parto della nostra individualità.

Che cosa devo trovare? Quello che c'è e c'è sempre stato...

"Oggi mi accorgo, a 70 anni" mi dice Claudio, "che sono sempre più innamorato del mio lavoro di artigiano. Molti mi chiedono perché non viaggio, perché, adesso che potrei permettermi di farne a meno, continuo a lavorare, perché non mi riposo o non faccio le cose che ho sempre sognato. Ma io sto bene così. La passione per il mio lavoro è più forte di tutto."

Il mondo che ci circonda vive di questioni banali, omologate, tutte uguali. La vita è un lungo viaggio verso di te, per avvicinarti giorno dopo giorno a ciò che veramente sei, a quello che sai fare davvero, che ti viene facile, spontaneo.

Alan Watts – citando Te-shan – scrive:

> Soltanto quando non hai nessuna cosa nella mente e non hai mente nelle cose tu sei sgombro e spirituale, vuoto e meraviglioso.[29]

Bisogna diventare impersonali, lasciar fare a un sapere innato nascosto che caratterizza ciascuno di noi. Prima o poi ci porta a casa.

Ada, 55 anni, mi dice che ha trovato la sua via perché "adesso che i figli sono cresciuti, non devo occuparmi d'altro che delle cose che mi chiamano". Così si è messa a lavorare in un negozio di fiori. "Lavoro come una matta, mi piace da morire."

Ognuno ha dentro di sé un oracolo, una voce che lo chiama al suo destino. Per sentirla non bisogna ascoltare gli altri, non si deve dar retta a nessuno. Meglio lasciar fare al Nulla, sentirsi vuoti e dirsi: "Io non devo interferire, lascio che le cose mi portino, come se fossero il mare che mi conduce alla mia isola". Questa è la teoria del Nulla.

Marcella, 48 anni, mi dice: "Finalmente sto bene con un uomo. Viviamo in case diverse, non lo abbiamo scelto, è capitato così. Magari finisce domani, ma sto bene. Non c'è niente da aggiungere. Credo che sia amore, perché tutto ciò che ci unisce è spontaneo, va bene a tutti e due". Forse ha ragione Marcella: ci deve essere nel mondo qualcuno con cui possiamo condividere l'energia, mentale e sessuale.

Malamud, il famoso narratore americano di origine ebraica, sostiene che "l'amore arriva con la persona giusta, non

[29] A.W. Watts, *op. cit.*, p. 148.

prima".[30] Trovarlo dipende da quella voce del Sé che chiama ciascuno di noi al suo destino. Allora non ascoltiamo più nessuno e il nostro fiore trova il suo compagno.

Altrimenti significa che non c'è... Vale a dire che a volte chiamiamo amore un surrogato, un'illusione. Per questo ci sono i tormenti.

Non voglio andare da nessuna parte

C'è un viaggio, c'è il tuo viaggio... Come fai a sapere se sei sul treno giusto? Quando niente riesce a distrarti: provate a interrompere un bambino quando gioca! È l'esempio di colui che è nel posto giusto al momento giusto. Per questo i saggi amano i bambini, o meglio il bambino che c'è in loro. Amano il regno della spontaneità, non dell'infantilismo.

Comunque si veda il nostro destino, non può prescindere dall'attivazione delle nostre risorse interne. C'è un occhio dentro di me che sa dove guardare, come la ghianda sa che deve fare la quercia... e la fa.

La saggezza quindi non viene dal "darsi da fare", dall'incaponirsi a raggiungere mete impossibili, ma dalla semplice constatazione che c'è qualcosa, dentro di me, che la sa più lunga di me. Per questo bisogna imparare a vivere il silenzio, che è la medicina di tutti i mali dell'anima e che appartiene al regno del Nulla.

> Il vero maestro è muto. La pratica importa poco; la saggezza non si impara. Non vi è pratica efficace né vera saggezza, se non quelle che consistono nel vuotare il proprio cuore e il proprio spirito da ogni idea e da ogni sentimento particolare. Bisogna tutto "dimenticare nell'immobilità".[31]

Per questo, ogni volta che qualcuno mi parla di un progetto da realizzare io gli faccio immaginare di scendere, gradino dopo gradino, una scala che porta al vuoto, al Nulla.

[30] Bernard Malamud, *I primi sette anni e altri racconti*, Il Sole-24 Ore, Milano 2011, p. 62.
[31] M. Granet, *La religione dei cinesi*, cit., p. 143.

Come ben sapevano i saggi taoisti, il Nulla è l'energia dell'anima più creativa, l'unica che ci porta a realizzare i nostri desideri.

"Io desidero diventare un'attrice di teatro, una brava professionista, esemplare. Ho lottato in tutti i modi, non ho ottenuto nulla" mi dice Clara, 30 anni.

Si tratta di andare nella propria stanza, da soli, mettersi nella penombra o al buio. Immaginare a occhi chiusi che cosa si desidera, visualizzare bene nella mente la scena. Nel caso di Clara, lei si è vista in un grande teatro inglese, con il pubblico che applaudiva, conquistato dal suo talento. E un attimo dopo bisogna chiudere gli occhi, immaginare una scala che scende nel buio e percorrerla, gradino dopo gradino. Fino a che il vuoto diventa sempre più intenso. Con questo esercizio ci si accorge di quanta gioia di vivere ci regala il regno del Nulla. Poi si aprono gli occhi e non si pensa più per nessun motivo a quello che si desidera. E si aspetta... senza aspettative.

Qualsiasi desiderio si realizza solo se prima il buio lo ha accolto, lo ha sentito "suo", e un'immagine, con la sua energia creativa, ha più potere di mille ragionamenti. Due mesi dopo, Clara è stata chiamata da un regista...

L'anima diventa come il seme che fa la pianta, completamente immerso nel buio della terra, e compie, sola, il suo viaggio nel vuoto, che la metterà in grado di realizzare la sua essenza.

Le forze benefiche sono estranee al nostro Io, e solo per questo possono prendersi cura di noi. Se c'è un problema, non dobbiamo affrontarlo e sforzarci di superarlo, ma chiudere gli occhi e rifugiarci nel Nulla.

Allora, come scrive ancora Watts,

> ogni azione, ogni evento viene spontaneamente dal vuoto come dalla superficie di un limpido lago guizza d'improvviso un pesce.[32]

[32] A.W. Watts, *op. cit.*, p. 149.

Non pensare e… lascia fare al wu-wei

Per anni Marta si è accanita contro un datore di lavoro che lei riteneva "un vero tiranno, che schiacciava le mie vere potenzialità e non mi permetteva di fare quel salto di carriera che mi spettava. Andavano avanti persone molto meno intelligenti e capaci di me".

Ho seguito Marta per qualche seduta alcuni anni fa. Ogni volta che veniva in studio si lamentava della stessa cosa e io mi domandavo perché non cambiava lavoro, visto che nel suo campo c'era molta richiesta di professionisti come lei. Il suo problema, a suo dire, era che veniva "sottovalutata, non considerata"; ma in realtà, sotto sotto, non si sentiva abbastanza brava da meritare un avanzamento di carriera e quindi l'assunzione di un ruolo di maggiore responsabilità. In questo era ostinata: voleva lamentarsi, ma continuare a restare in quell'azienda. Ha smesso di venire da me e per qualche anno non l'ho più rivista.

Ho sempre ritenuto che contro i disagi non dobbiamo combattere, non dobbiamo cercare di vincerli, ma lasciarli "accadere" dentro di noi, come la neve che cade sui prati. In questo caso il prato è la nostra coscienza e la neve l'inconscio.

Forse era la lotta che Marta faceva con il suo capo a rendere più forti i disagi, ma probabilmente aveva bisogno di riconoscersi come guerriera, come combattente e… aspettare.

L'ho rivista circa due mesi fa. Non era la solita Marta. È venuta a trovarmi per dirmi che stava bene, che era diventata la donna più importante dell'azienda e come manager era la numero 2, dopo il suo capo, lo stesso di prima. Che cosa era successo?

Apparentemente, nella sua vita non era cambiato nulla: stesso marito, stessi amici, il figlio più cresciuto, ma le vicende esistenziali e le relazioni erano le stesse. C'era una novità, però, rispetto ad allora: non parlava più del suo lavoro come fosse la cosa più importante della sua vita. Erano subentrate, quasi a sua insaputa, nuove passioni, come per esempio le camminate in montagna per sentieri impervi, a cui si dedicava con grande impegno nei weekend, mentre durante la settimana era tutta presa a studiare nuovi tragitti, nuovi rifugi, nuove scalate. In un certo senso si era come distratta dal suo "arrampicarsi" nella carriera e quasi per magia la distrazione l'aveva portata a risultati eccellenti proprio sul lavoro. Io ricordo che allora le dicevo di non combattere contro le sconfitte lavorative, ma di accoglierle, percepirle e... aspettare.

Mi vengono in mente le parole di Jung, quando si domanda che cosa ha fatto sì che certi suoi pazienti siano guariti o abbiano risolto problemi apparentemente insormontabili.

> Per quanto ho potuto vedere io, non hanno fatto proprio nulla (*wu-wei* – azione nella non-azione), ma hanno lasciato accadere, come insegna il maestro Lü Tzu, poiché la luce circola secondo le sue leggi, se non si abbandonano le proprie abituali occupazioni.[33]

Il concetto di *wu-wei* spiega bene l'azione che si compie a nostra insaputa dentro di noi. È un'energia il *wu-wei* che ci cura, ci guida, ci conduce alla meta e, quando stiamo male, innesca l'autoguarigione.

Tutti coloro che vengono in psicoterapia vogliono risolvere il più in fretta possibile quello che chiamano "il problema" della loro vita. Chi ce la fa ha imparato l'arte di tutte le arti: non opporsi, accogliere, lasciare le cose come sono: un amore ti ferisce, un lavoro non ti soddisfa, un figlio ti tratta male, un abbandono ti spezza il cuore... lasciali lì, al loro posto.

Lasciare dentro di sé le cose come sono: non decidere, aspettare, distrarsi. Bisogna convincersi che quello che noi chiamiamo "il problema" è un'energia accumulata e bloccata dentro di noi, che riesce a risolversi solo se ci distraiamo. Bisogna dirsi: "Le cose sono così e io non sono in grado di farci niente".

Jung sosteneva l'importanza di non opporsi ai nostri demoni...

[33] Carl Gustav Jung, *Il segreto del fiore d'oro*, Bollati Boringhieri, Torino 2009, p. 39.

> Il lasciar agire, il fare nel non fare, l'abbandonarsi del maestro Eckhart è diventato per me la chiave che dischiude la porta verso la via: bisogna essere psichicamente in grado di lasciar accadere. Questa è per noi una vera arte, che quasi nessuno conosce.[34]

È quello che ha fatto Marta senza saperlo: si è distratta, ha lasciato le cose come sono, non ha cambiato lavoro, mentre le passeggiate in montagna la portavano in un altro territorio dell'anima. Sarà forse per questo che i vecchi psichiatri consigliavano di "cambiare aria" quando le cose andavano male?

La coscienza si ostina a voler arrivare il prima possibile a una soluzione, ma l'anima, l'inconscio hanno altri tempi. Il mio lavoro mi ha insegnato che quando non siamo pronti ci possiamo lamentare quanto vogliamo, ma non andiamo da nessuna parte. Come Marta.

Ricordo anche Giulia, una donna di 35 anni, che voleva a tutti i costi lasciare il marito violento, senza mai riuscirci. Si lamentava con le amiche, andava dagli psichiatri, dagli assistenti sociali, ma quando era il momento di decidere accampava scuse inconsistenti per tornare con lui.

Un giorno le ho detto: "Lei non vuole lasciarlo e allora accetti questo suo legame, ne diventi consapevole, beva tutto l'amaro calice di questa relazione. Tanto non riesce a staccarsene. Si arrenda". Le mie parole non hanno sortito alcun effetto. Ma dopo cinque anni è uscita di casa e non è più tornata. Quel giorno era pronta: non ci ha pensato un minuto di più.

A una signora che veniva perseguitata dal marito ho detto di chiudere gli occhi e immaginarsi come una principessa prigioniera di un orco, di un drago in un castello. Quando chiudeva gli occhi cominciavano ad apparire le immagini, all'inizio si spaventava, poi il fatto di essere proiettata in un altro tempo, in un altro spazio, la faceva sentire bene. Sorrideva... Come prigioniera del castello, con la fantasia apriva

[34] *Ibid.*

le porte a un mondo nuovo. E questo mondo l'ha aiutata. Un giorno è scappata dal castello... E qualche mese dopo è andata a denunciare il marito, cosa che per anni non si era mai sognata di fare. Oggi, che sono passati più di sei anni, è felicemente risposata. Le immagini della principessa sono state in grado di rimettere le cose a posto più di quanto ci fosse riuscita lei. Ecco perché è fondamentale distrarsi, sognare e... fantasticare.

Le immagini preparano le nostre decisioni, mentre le lotte interiori, le titubanze non trovano mai la via d'uscita.

L'ottava mossa

IMPARA IL DOLORE PURO

Quasi tutti credono di soffrire
per qualcosa che è successo.
Un abbandono, un tradimento, una delusione
vengono identificati come la causa della loro sofferenza.
Ma la saggezza antica non ragionava così.
Sentire il dolore, sentirlo diffondersi nel corpo,
lasciarlo espandere dentro di noi,
ma senza attribuirgli una causa…
questo è il dolore puro.
Se si fa così il disagio si allontana rapidamente.
Ricordare la causa lo cronicizza.

Se chiedete a uno psicologo moderno in cosa consiste la realizzazione di sé vi risponderà: "Conoscersi, capire e interpretare ciò che siamo, rivisitare la propria storia, scoprire quanto il passato ha influenzato il nostro modo di essere". Questa è la psicologia degli ultimi cento anni, prigioniera dei pensieri più banali riguardo alla nostra individualità. Tutti oggi pensano di essere il risultato delle cose che sono loro accadute.

La saggezza degli antichi è molto diversa da quella attuale, alla quale ci illudiamo di conformarci con regole da boy scout, piene di moralismi buonisti e di esercizi banali. Per noi la saggezza è prima di tutto l'equilibrio, una specie di controllo su emozioni, sentimenti, pensieri, sulle relazioni e sui comportamenti. Noi indaghiamo il passato per sapere chi siamo, i taoisti lo ritenevano inutile e ininfluente, anzi pericoloso per l'evoluzione della persona.

Così Giancarla Sandri Fioroni ci parla di Yin Fu Ching. Ecco la prima massima:

> Osserva bene: ciò che regge la Natura: è il PRIMO PRINCIPIO, il Tao. Guarda come essa agisce e opera costituendo ciò che i nostri occhi vedono e segui questo insegnamento. Ciò è tutto.[35]

[35] Giancarla Sandri Fioroni, *Il canone Yin Fu Ching radice del Taoismo filosofico*, Zephyro Edizioni, Milano 2009, p. 97.

Guardare le piante, gli animali, il cielo, la terra, coltivare i fiori sul balcone, passeggiare nei boschi e... guardare le leggi naturali.

Questa massima costituisce la base dell'insegnamento taoista. Non vi sono deità, né Uomini illustri da prendere a modello, bensì solo la Natura.[36]

Non ci sono progetti da realizzare, opinioni da seguire, mete da raggiungere. Diventare impersonali, non sapere chi siamo, lasciar andare l'identità è il perno di una vita felice.

La prima parte dell'opera del maestro Lao-tzu, come è pervenuta a noi sotto il titolo di *Tao Te Ching*, è dedicata a spiegare che cosa significa Tao e precisamente dice: *Il Tao che ha un nome, non è il vero Tao eterno*. E prosegue precisando: *Senza nome è il Principio che origina Cielo e Terra*.[37]

Niente ricordi quindi, niente rielaborazioni come quelle del lutto, che nascondono il bisogno di piangere i morti tutti allo stesso modo, e di superare il dolore dopo averci ragionato su, dopo un periodo di lacrime omologate.

Per il pensiero Zen, la saggezza sta agli antipodi dei pensieri: se cercate la felicità attraverso i ragionamenti siete nel posto più lontano ed essa vi resterà completamente inaccessibile.

E allora da dove arriva la saggezza? Su cosa si fonda la gioia di vivere? Sull'indipendenza interiore, sullo stare lontano dal pensiero degli altri.

Il "sé (*tseu*)" non deve farsi contaminare dall'"altro (*pei*)".[38]

La cosa peggiore che contamina la nostra essenza è il vedere il nostro passato in ogni azione della nostra vita. Si tratta di una falsa certezza, ormai acquisita dal pensiero della psicologia dominante di questa epoca, che ne ha fatto il suo perno, il suo fondamento.

[36] *Ibid.*
[37] *Ibid.*
[38] M. Granet, *Il pensiero cinese*, cit., p. 389.

Mamma e papà non c'entrano niente

Cerchiamo spesso la causa dei nostri disagi nelle esperienze vissute in famiglia da piccoli nel rapporto con i nostri genitori. In realtà stiamo male solo perché non stiamo seguendo la nostra strada, dimenticando la nostra missione nella vita. Abbiamo perso di vista il nostro fiore!

"Da bambino ho avuto un'infanzia travagliata. Mio padre picchiava mia madre, io mi mettevo in mezzo per dividerli e finivo per prendere qualche schiaffo."

Chi parla è Carlo: inizia così il suo colloquio. Lo interrompo.

"Mi parli di cosa le piace, adesso, nella sua vita. Che cosa la fa ridere, divertire?" gli dico.

"Il mio lavoro di negoziante di articoli sportivi mi piace, funziona bene. Ma spesso mi vengono degli attacchi di tristezza, legati ai ricordi di mio papà."

"E come vanno le cose in campo affettivo, intendo se ha una partner, o..."

Mi interrompe.

"Sono uno che non riesce a godersi la vita. Papà ha distrutto me, mia sorella e mio fratello. Ci ha distrutti psicologicamente."

"Io intendevo" lo interrompo a mia volta "come va con la sua compagna, se ne ha una, se ha una vita di coppia."

Carlo mi risponde.

"Con la mia compagna va bene, stiamo aspettando un bambino, ma io, a causa di mio padre, penso di essere un fallito. Dopo una bella serata con lei e con gli amici, mi dico subito che da un momento all'altro potrebbe succedere una disgrazia, qualcosa di brutto. Alla fine sono diventato un ansioso, proprio come mio padre."

Carlo è stato in psicoterapia per lungo tempo, ha assunto anche psicofarmaci, ma "l'ansia, il panico, il senso di fallimento" non se ne sono mai andati.

È venuto da me perché ha scoperto per caso un mio libro, *Le piccole cose che cambiano la vita*.

Gli dico: "Facciamo un patto: non parliamo più del suo passato, di suo padre".

"Ma se non parlo di mio padre" replica, "delle sue scenate, della vita rovinata a me, a mia madre e ai miei fratelli, non saprei proprio cosa dire."

Si è formata un'idea malata, che intende la psicoterapia come il luogo del racconto del proprio passato, delle angherie subite, del padre o della madre che continuano a imperversare dentro di noi. Nessuno pensa, come ben sapevano invece gli antichi, che più si parla del passato e più lo si riporta in vita.

Ho parlato a Carlo del dolore puro. Cos'è il dolore puro? Quello senza causa. "Io sto male adesso, il motivo non lo so, non lo voglio sapere": queste sono le parole da dirsi. Sentire il dolore, non resistergli, lasciargli spazio, lasciarlo scorrere nel corpo, lasciarlo fluire e... aspettare. Aspettare che cosa? Il Nulla, il vuoto dei pensieri, l'assenza: tutte energie che sono la vera, la sola terapia. Io non sono quello insultato da mio padre, io sono un fiore.

"Carlo, chiuda gli occhi" gli ho detto "e immagini il suo fiore..."

"Non ci riesco" mi ha risposto.

"Provi ancora..."

Dopo due o tre minuti a occhi chiusi mi dice: "Mah, direi la gardenia. Mia mamma la coltivava in giardino, nella casa in campagna, anche se mio padre diceva che perdeva tempo...".

"Immagini solo la gardenia, senza nessuno, né madre, né padre, e provi a sentirne il profumo."

Gli occhi sono chiusi e Carlo annusa: "Lo sento, lo sento!".

"Immagini una scena d'altri tempi, senza genitori, dove ci sono le gardenie fiorite."

"Mi trovo in un cimitero, ma sto bene. Ci sono tanti morti che riposano sottoterra, ma io mi sento a casa. Il profumo della gardenia mi protegge."

Chi sono i morti nel cimitero? I ricordi! Di mamma e papà,

delle liti che Carlo continua a riesumare e che finalmente vogliono essere sotterrate, lasciate andare via.

La gardenia e il suo profumo sono vivi, sono l'energia vitale pura che rinasce. Pura perché è senza pensieri, senza memoria.

Cerca il tuo fiore

Ognuno di noi, dicevano gli alchimisti, sta fiorendo e non lo sa. Lo ignoriamo, perché la nostra mente è fissata sul passato.

Parlare della gardenia, sentire il suo profumo, ci riporta alla vita: entriamo a contatto con un'energia che sgorga dagli occhi chiusi, dal buio, dove vive l'essenza. Ricordi e lamenti portano in sé un'energia vecchia, stantia, esausta.

Carlo stava male perché usava troppa "energia da cimitero" e perdeva di vista il profumo della vita, incarnato nella gardenia. Ogni volta che immagini il tuo fiore, entri nel regno dell'energia fiorile, creativa del cervello. Allora i ricordi se ne vanno e pian piano si allontanano. Le immagini sono vive, i ricordi foglie morte. Seduta dopo seduta, le immagini di Carlo prendevano via via sempre più spazio. Ha smesso di parlare del papà.

Il silenzio è il miglior farmaco per rigenerare il cervello. Bisogna tacere e rifiutarsi di ascoltare gli altri, i loro lamenti, le loro ossessioni, i loro ricordi. Il passato brucia le cellule nervose.

E poi? Cercare il vuoto, il Nulla, la sostanza mentale che prepara il nostro futuro. A occhi chiusi, immaginare un fiore, il suo profumo e... aspettare. Senza pensieri, l'essenza ci conduce verso il nostro destino. Ognuno ha il suo e non ha niente a che vedere con la sua storia e il suo passato. Bisogna dimenticare... L'oblio delle ferite subite, la distrazione dal passato ci porta verso la nostra energia creativa.

Il passato diventa il peggiore veleno contro l'indipendenza, impedisce la realizzazione di sé. Ogni ricordo ripetitivo, come quello di Carlo, diventa un'energia stagnante e tutta la vita ne viene vampirizzata. Così accade a Luca.

Buongiorno Morelli,

sono Luca, ho 34 anni e sono di ritorno da una settimana di ferie in Puglia dove ho letto il suo libro La saggezza dell'anima. *Cercherò di riassumerle il più possibile la mia situazione, e i disagi che provo.*

Da bambino ho avuto un'infanzia molto turbolenta, papà assente, dedito al lavoro e molto nervoso. Spesso le urla a casa, i litigi tra lui e la mamma mi colpivano come schiaffi dentro. Io facevo fatica a sopportare questa situazione e mi schieravo sempre a difesa della mamma. A tredici anni ho vissuto la loro separazione e io e la mamma ci siamo trasferiti a vivere dai nonni. L'azienda familiare, una ditta di autotrasporti, l'inserimento mio e dei miei fratelli maggiori non ha fatto che sfasciare ulteriormente i rapporti familiari, trasformandoli in odio…

Papà ha distrutto psicologicamente sia me che i miei fratelli, e ognuno ha reagito a suo modo. A me in particolare ha trasmesso un senso di fallimento e inadeguatezza. Oggi dopo vari viavai, sono uscito definitivamente dall'azienda di famiglia, ora ho un socio e due negozi, uno di telefonia e uno di vestiti per bambini. Ho una compagna con cui convivo e un figlio in arrivo ad agosto.

Da ultimo mi sono mentalmente riappacificato con la mia famiglia, non provo più odio e rancore verso di loro, solo tristezza. Questa è stata una carrellata della mia vita fino a oggi. In 34 anni non ho mai vissuto serenamente, tanti disturbi, tutti legati alla depressione, hanno influenzato la mia vita. Oggi, anche se il lavoro dà buoni risultati, mi sento sempre inadeguato, un fallito, sento di avere tantissime qualità che non riesco a esprimere, filtro tutto attraverso il mio senso di fallimento e non riesco a godermi niente. Mi crogiolo nelle situazioni negative, incapace di scorgere il bello della vita, i successi. Dico sempre "È impossibile" invece di "Si può fare". La paura mi attanaglia, mi viene la tachicardia e quando mi concentro su questioni di lavoro mi si annebbiano i pensieri, mi assale il panico e il mio corpo si blocca. Nei giorni liberi dormo tanto, per cercare di sfuggire al dolore interno, faccio fatica e non riesco a orga-

nizzare grandi cose, mi sento senza energia, come se da un momento all'altro dovesse succedere una disgrazia. Ho provato nel tempo ad andare da vari psicologi, per un periodo ho assunto anche psicofarmaci, senza mai trovare soluzione ai miei disagi. Dopo aver letto il suo libro mi è nata dentro un po' di speranza e ho provato a scriverle questa lettera. Se altri sono riusciti a risolvere i loro disturbi perché non dovrei farcela io?

Grazie per il tempo che mi dedicherà.

Si vede bene come ogni episodio della vita di Luca è influenzato dal ricordo del "padre cattivo" e collegato a lui.

A un mio paziente che aveva un padre tiranno facevo immaginare di essere in un castello antico, con un drago che viveva in cantina e poteva arrivare da un momento all'altro. Il padre tiranno era insopportabile, ma come drago ci si poteva stare insieme... alla giusta distanza, in cantina. Mentre si dedicava a coltivare e sviluppare questa immagine, ha smesso a mano a mano di parlarmi di papà...

Anche il chiedere consigli e pareri, in generale l'affidarsi ad altri, sono comportamenti banditi dall'uomo del Tao, da colui che vuole essere se stesso. Così viene bandita, e abbiamo visto quanto sia cruciale, ogni forma di miglioramento di sé, di "perfezionamento", perché in sostanza si tratta di sottomettersi a modelli esterni che finiscono per toglierci la nostra unicità.

Non c'è da essere più buoni, non c'è da seguire nessuno, nessuna meta da raggiungere. Ogni modello di perfezione è fittizio e imposto dagli altri e ci toglie l'unica cosa che conta: la nostra indipendenza, che poggia sull'essere spontaneo e naturale che siamo. Non c'è da diventare un padre migliore di quello che abbiamo avuto: le conseguenze sarebbero deleterie...

Imparare a dire di no vuol dire ricordarsi della propria autonomia e proteggerla: nessuno può insegnarci a essere ciò che già siamo. Imparare a dire di no significa apprendere da se stessi, dalla propria interiorità. Ogni volta che abbiamo dato a retta a qualcuno, ci siamo semplicemente fatti manipolare. Abbiamo chiesto un consiglio, un parere, abbiamo seguito una strada tracciata da un altro, non la nostra. Così abbiamo perduto quel "sapere spontaneo" che ci avrebbe portato alla nostra meta, che è diversa da quella di tutti gli altri.

Cave canem, dicevano i latini, intendendo con questo ammonimento quanto fosse determinante, nella vita, tenere sempre le distanze dal volgo, dalla folla, da un modo di pensare collettivo, scontato, basato sui luoghi comuni...

E allo stesso modo, il perno del Taoismo è "l'indipendenza solitaria", quello stato che ti fa sentire vuoto, silenzioso, lontano dal chiacchiericcio inutile.

Non si tratta tanto di decidere chi frequentare o no, quanto di avere dentro di sé la percezione dell'indipendenza, della possibilità di distanziarsi dal pensiero altrui. Via via scatta quella spontaneità del Sé che conduce sempre di più a essere se stessi anche quando siamo con gli altri e a non dipendere più dai loro giudizi.

Il no alle cose che non ci vanno bene è un inno all'indipendenza, su cui si basa il proprio destino. Così facendo, via via si scoprono le affinità con le persone che sono utili alla nostra evoluzione e che ci fanno star bene.

Un'immagine, un destino

Non dobbiamo mai dimenticare che in ognuno di noi è nascosta un'immagine: se la trascuriamo stiamo male, se la abbandoniamo ci mettiamo davvero nei guai. Magari nella vita prendiamo la strada opposta, ma l'immagine nascosta è sempre lì, in attesa di venire alla luce.

Marta ha 40 anni, veste in modo provocante, quando cammina per strada tutti si voltano a guardarla. Una sera finalmente è andata al ristorante con un uomo che l'attraeva da tanto tempo.

"Mi sono accorta che a lui non piaceva che avessi tutti gli occhi addosso. Ero molto provocante, molto scollata, la gonna cortissima, il rossetto accentuato, i tacchi altissimi. Mi sentivo supersexy, ma lui sembrava infastidito."

Usciti dal ristorante, Marta si aspettava che la invitasse a casa sua. Niente.

"Allora gli ho detto se voleva salire lui a casa mia. Si è inventato una scusa e se ne è andato!"

L'immagine della donna sexy lo aveva fatto scappare a gambe levate. Eppure in altre occasioni lui l'aveva corteggiata, visto che per lavoro si vedevano spesso.

"Forse quando ci incontriamo di giorno gli piaccio perché non mi vesto in modo provocante..."

Quella sera, appena rientrata a casa, Marta comincia a sudare, fa fatica a respirare, è preda di un attacco di panico. Sente pulsare la testa, ha le vertigini e decide di chiamare un'ambulanza. Ha 250 di pressione e l'attacco di panico si fa sempre più violento. La ricoverano, la riempiono di psicofarmaci e iniziano la cura per la pressione alta.

Da quella sera inizia un vero e proprio calvario... Con i farmaci la pressione, a parte alcuni sbalzi, si regolarizza, ma gli attacchi di panico si presentano sempre più violenti e sempre più spesso.

Anche quando è venuta nel mio studio è arrivata con il look supersexy. Ho avuto la sensazione che indossasse qualcosa di artificiale, troppo vistoso, innaturale. Come se facesse uno sforzo a vestirsi in quel modo, come se fosse ingabbiata da quel personaggio supersexy.

La mia sensazione è stata avallata dal fatto che Marta mi ha confessato che lei si vestiva così, ma con gli uomini, al momento di andare a letto, scappava quasi sempre, oppure faceva del petting, senza arrivare al rapporto sessuale. Insomma, l'immagine della donna sexy e provocante non le apparteneva veramente, non le corrispondeva.

A volte i personaggi che assumiamo sono vere e proprie camicie di forza che indossiamo per aderire a modelli esterni, ma non sono minimamente vicini alla nostra essenza, alla nostra Immagine innata, al nostro inconscio.

Paradossalmente Marta si vestiva per piacere, per sedurre, ma spesso produceva l'effetto opposto: quella sera l'uomo che desiderava da tempo è fuggito. Capita quasi sempre quando ci vestiamo per gli altri, non per noi stessi. Capita quando veniamo risucchiati dalla vita e trascuriamo la nostra Immagine interiore, quindi la nostra "indipendenza solitaria", come dice il Tao, si offusca... E non c'è indipendenza senza naturalezza: tutto ciò che è artefatto, artificiale, provocatorio, seduttivo, come il vestito di Marta, ci fa ammalare...

> La salvezza, la santità sono raggiunte quando, libero da ogni compromesso con l'altro, il sé (*tseu*) non è più che vita e spontaneità pura (*tseu jan*). Ridotto a se stesso, l'individuo diventa eguale all'Universo, poiché la spontaneità che egli ha ormai per sua unica legge è la legge unica del *T'ien* o del *Tao*. Chi sa restare autonomo possiede il *T'ien tao*, la Via, la Virtù celeste.[39]

C'è sempre una domanda da farsi: "Mi trovo bene, sono a mio agio stasera con questa persona?". Quanti incontri ci facciamo andare bene, che il nostro inconscio rifiuta! Per percepire come sto con gli altri, bisogna che impari ad ascoltarmi e a estraniarmi: essere coinvolti e impersonali, presenti e assenti, è la Via del Tao.

"Mi sento bene con questo vestito, con questi tacchi altissimi, sono a mio agio?" L'occhio che guarda come sto, distaccato, è capace di ricordarmi l'indipendenza dal reale, da chi ho vicino: è questa indipendenza che mi fa evolvere. Indipendenza dagli altri, chiunque essi siano: genitori, amanti, amici, figli. Con ciò si è in grado di percepire la propria Immagine... e si è nella casa del Tao.

In realtà, così come ciascuno di noi ha un'Immagine unica, così si sente a suo agio solo con l'abito giusto. Sì, possiamo vestirci per gli altri o per noi stessi. Marta era abitata nell'inconscio, nel buio dell'anima, da un'altra donna, da un'altra immagine di sé.

Le ho detto di chiudere gli occhi e l'ho invitata a cercare un'immagine di donna con cui si sentiva a suo agio.

"Vedo una suora, anzi vedo me bambina vestita come quando facevo la comunione."

[39] Ivi, p. 390.

Quell'immagine a occhi chiusi era sorprendente: era esattamente l'opposto della donna provocante che era finita al pronto soccorso.

Marta non se n'era accorta, ma analizzando i suoi disturbi ho potuto constatare che le puntate ipertensive e gli attacchi di panico, almeno nei primi mesi, arrivavano sempre quando si vestiva in modo provocante, quando tutti le mettevano gli occhi addosso.

Le ho detto: "La suora e la prima comunione sono immagini di bambina. Oggi come vestirebbe la Marta che prega?".

Mi ha risposto: "Non saprei. So solo che quando immaginavo la suorina che dice le preghiere mi sentivo bene, rilassata, tranquilla".

Alla seduta successiva sono rimasto senza parole. Marta aveva un golf molto accollato, una gonna lunga, un trucco leggero, tacchi bassi. Portava questo look con grande disinvoltura. Ho fatto finta di niente, non ho commentato il suo nuovo modo di vestirsi. Non ho detto nulla e lei anche. La sensazione che dava era di essere a suo agio, mentre avevo avuto la sensazione che con i supertacchi si sforzasse di controllarsi, come una persona che cammina sui trampoli.

Mi ha raccontato che durante la giornata chiudeva gli occhi, immaginava la suora e questo la faceva stare bene.

Corbin, il grande studioso delle Immagini, sosteneva che il mondo immaginario non è irreale, non è qualcosa che non esiste, come siamo abituati a credere. In realtà prende in prestito dall'antico pensiero persiano la frase "la terra di Nessundove",[40] per dire che in noi c'è una terra sconosciuta, sottile, apparentemente immateriale, che è il luogo delle Immagini. Ciascuno ha la sua. Se la trova, guarisce dai mali dell'anima.

Via via la suora di Marta è diventata "una donna castigata, coperta, dolce, materna e tenera". Chi l'avrebbe detto che la donna supersexy nascondesse un'immagine di segno

[40] Henry Corbin, *"Mundus Imaginalis" o l'immaginario e l'immaginale*, in "aut aut", 1993, 258.

differente, opposto. In questi casi, Wirth parla proprio di "idee assopite nel nostro intelletto"[41] che attendono gli stimoli e le parole adatte a "portare alla luce le verità sepolte nella profondità del nostro spirito".[42]

La "terra di Nessundove" la stava aspettando: senza di lei sarebbe stata veramente una donna in lotta con se stessa.

Naturalmente la suora e la supersexy non sono l'una contro l'altra. Il problema è se una delle due prende il sopravvento e cancella l'altra. Quell'immagine voleva il suo vestito... Marta glielo ha dato e i disturbi se ne sono andati.

Quando stiamo male occorre chiudere gli occhi e cercare un personaggio, un'immagine che ci rassicuri. Il resto viene da sé.

Immaginare sembra una cosa da poco. "Devi fare i fatti, figlio mio, cose concrete, smettere di sognare..." dicevano un tempo i genitori.

Ma le immagini determinano i cambiamenti silenziosi senza che ce ne accorgiamo.

Immaginare "una donna castigata" è stato per Marta più terapeutico di mille discorsi...

[41] Oswald Wirth, *Il simbolismo ermetico nei suoi rapporti con l'alchimia e la frammassoneria*, Edizioni Mediterranee, Roma 1991, p. 46.
[42] *Ibid.*

La nona mossa

DIVENTA PIÙ INSICURO

Spesso impersoniamo un personaggio forte,
che recitiamo per gli altri.
Vogliamo essere leader, comandare, dominare.
Ma così facendo non ci prendiamo cura
della nostra fragilità.
L'insicurezza è un'energia terapeutica:
se la si accetta, si vedono fiorire
le nostre capacità nascoste.

Maria mi ha scritto per dirmi che da quando ha smesso di lottare per piacere agli altri, o meglio per recitare il personaggio forte che si era messa in testa di essere, sta molto meglio.

"Un giorno ho letto un suo articolo, caro Morelli, e di colpo mi sono vista per come ero."

Maria, 35 anni, era "infelice, scontenta, rabbiosa, piena di lotte, di battaglie con gli uomini, scorbutica, graffiante".

Ogni uomo che incontrava era visto come un nemico da dominare. "Solo a letto cedevo, mi lasciavo andare, come una vittima sacrificale, ma appena finivamo di fare l'amore diventavo la dominatrice, la leonessa, il capobranco: mi vedevo così... e basta!" Anche il look di Maria era conforme al personaggio della donna leader nel quale si identificava in modo così esclusivo.

Quando una certa immagine di noi prende il sopravvento, quando diventiamo unilaterali, può solo avvenire il peggio. La crisi di Maria comincia quando perde la testa per un uomo che la seduce e fugge, che non accetta di essere la vittima designata dopo l'amore...

Quando moriamo? Quando il nostro sguardo è confinato in un territorio troppo ristretto, quando scrutiamo le pareti della nostra stanza e perdiamo di vista il panorama che si affaccia alla finestra. Così diventiamo aridi, e l'aridità è una vera e propria morte psichica.

Quando recitiamo un solo personaggio, come in questo caso in cui la "donna forte" prende il sopravvento, l'anima perde il senso, non possiede più il suo destino. Diventiamo sterili, spenti, in una crisi senza ritorno, mentre la maschera che indossiamo per gli altri ci toglie la vista di ciò che siamo nel profondo. Ci oscuriamo, perdiamo il senso della vita, o meglio della nostra stessa vita, come ben diceva Chuang Tze: "Il senso si oscura se si considerano soltanto piccoli settori finiti dell'esistenza".[43]

Maria, trucco vistoso, scollatura da capogiro, labbra rifatte, minigonna da sballo, andatura provocante, aveva mascherato la sua natura. Era forte per il suo modo di vedere l'esterno, era fragile perché non vedeva più se stessa, e quindi il senso stesso della sua esistenza. È bastato il no di un uomo per veder crollare il castello...

La sindrome del leader

Mi scrive Mirko, un ragazzo che seguendo i miei video su Internet e leggendo i consigli che diamo su "Riza" ha iniziato a provare "lampi di felicità".

> *Seguo molto i suoi video su YouTube, trovandoli molto interessanti e molto utili per la salute e il benessere. Ho sofferto per circa due anni di depressione, mi ero costruito un modello, uno schema di ragazzo ideale da seguire (freddo, prepotente, gelido, arrogante, che non si arrabbiava mai, un vero leader insomma). Tuttavia questo ideale che seguivo era così lontano da quello che ero davvero, e mi ha fatto sprofondare completamente. Ero spento, il vuoto più totale, zero interessi, zero passioni, ansia a non finire, panico, recitavo tutto il giorno!*
>
> *Ho conosciuto poi lei, dottor Morelli, su Internet e l'ho trovato fantastico! Ho abbandonato le mie dosi di antidepressivo, sia per orgoglio personale, sia perché sentivo di farcela anche senza. Dopo un po' di tempo e dopo essermi pre-*

[43] Carl Gustav Jung, *La sincronicità*, Boringhieri, Torino 1980, p. 83.

so cura di me, ho iniziato a provare qua e là qualche piccola porzione di felicità che ogni tanto veniva a trovarmi. Ho ripreso piano piano a provare ancora sentimenti, e la luce in fondo al tunnel era oramai a portata di mano. Seguo molto i consigli che date su "Riza", esercizi immaginativi, vari concetti, varie mosse da fare per trovare l'interiorità.

Gli esercizi immaginativi di cui parla Mirko si riferiscono alla ricerca del lato opposto. In che cosa consiste? Nell'immaginare un personaggio incompatibile con l'identità del paziente, con l'idea che si è fatto di se stesso, con il personaggio che recita. In un caso simile a quello di Mirko, in cui il paziente era centrato sulla ricchezza, sull'essere l'uomo con le Ferrari, con la casa di lusso a Londra, con abiti firmati, al paziente facevo immaginare il barbone, il viandante, il povero.

Quando ci identifichiamo in un personaggio in modo unilaterale, l'inconscio ci fa sentire fragili, ansiosi, paurosi, in preda al panico. L'uomo forte, l'uomo ricco prima o poi crolla...

Il mio paziente parlava solo di soldi, progettava solo di avere sempre di più, non si rendeva conto che i suoi rapporti affettivi stavano morendo. La sua donna lo tradiva con il suo migliore amico: ma lui, preso com'era dal successo, dal possedere le cose, non vedeva l'evidenza. Tutti i suoi amici lo sapevano, lui era troppo assorbito dai suoi progetti per accorgersene.

I taoisti ci avevano avvisato: la Destra e la Sinistra erano due facce inscindibili di una sola cosa.

> In Cina, l'antitesi della Destra e della Sinistra non ha nulla dell'opposizione assoluta. Persino lo Yin e lo Yang non si oppongono, come il Non-essere e l'Essere o il Puro e l'Impuro. I Cinesi non hanno la foga religiosa che condanna a dividere le cose fra il Male e il Bene. Noi onoriamo la Destra, detestiamo la Sinistra, qualifichiamo come sinistro ciò che appartiene al Male: biasimiamo i mancini e siamo destri. I Cinesi sono destri come noi; tuttavia onorano la Sinistra.[44]

[44] M. Granet, *Il pensiero cinese*, cit., p. 271.

Forza e dolcezza vivono l'una accanto all'altra, così paura e coraggio, razionalità e affetti, luce e ombra. Diffidate sempre dei moralisti, dentro di loro abitano i diavoli, da cui si difendono recitando il bene.

Il segreto è posare lo sguardo sul personaggio opposto a quello che recitiamo. Per Maria, la donna leader ha bisogno della bambina fragile: se lo sguardo si posa solo sulla donna forte, può solo accadere il peggio. È guarita quando ha cominciato a essere la donna da accudire, fragile, passiva. La destra e la sinistra cominciano a sentirsi lentamente parte dello stesso corpo. Così due energie interiori si incontrano, cominciano a circolare l'una accanto all'altra, l'una nell'altra. Tra gli opposti si forma un "matrimonio sacro": le due Immagini non solo più l'una contro l'altra. Ne beneficia l'intera energia cerebrale, si assiste a una vera e propria rinascita, quando le immagini opposte si situano una vicino all'altra.

Per Mirko lampi di felicità arrivano quando il ragazzo ideale, freddo, arrogante, leader, si ritrae sullo sfondo della sua personalità.

Il personaggio che interpretiamo diventa un vampiro, che ci succhia l'energia vitale e ci fa sprofondare, svuotati, nell'assenza di senso, nell'abisso. Mai ostinarsi in quello che crediamo di essere, finiamo per perdere la nostra essenza. In noi la Destra e la Sinistra, la donna forte e quella fragile vogliono esistere insieme. Così il leader e l'uomo modesto devono imparare ad amarsi e a stare insieme. Da qui vengono felicità e sicurezza.

Siamo abitati da due Immagini di segno opposto: imparare a essere il ricco e il povero, l'uomo forte e l'insicuro, la principessa e la strega è la via evolutiva che il Tao ci invita a fare nostra.

La doppia vita di Anna

Anna, 40 anni, credeva, perché glielo aveva detto il suo psichiatra, di soffrire di attacchi di panico per colpa di sua madre: infatti quando era piccola l'aveva vista più volte soffrirne. Spesso le diceva: "Devo scendere dall'auto se no muoio, tu fai quel che vuoi". E così abbandonava la piccola Anna in mezzo alla strada, nell'auto, da sola. Le ore di psicoterapia a parlare di sua mamma però non hanno portato da nessuna parte.

> Contesto che alla base di tutte le nevrosi vi sia un fatto traumatico, nel senso di un'esperienza infantile decisiva. Il medico, se adotta tale concezione, assume di fronte alla malattia una impostazione causalistica; volge cioè la sua attenzione soprattutto al passato, si occupa solo del perché e non dello scopo; e ciò costituisce spesso un grave danno per il paziente, il quale viene così costretto, talora per anni, a ricercare una qualsiasi esperienza infantile, mentre vengono trascurate cose che potrebbero avere per lui importanza immediata.[45]

Ogni essere vivente, per il fatto stesso di essere vivo, ha aree cerebrali creative e rigenerative che quasi sempre ignora, preso com'è dall'idea che una madre sbagliata o un padre tiranno gli abbiano rovinato l'esistenza.

Sapete come è guarita Anna? In una seduta, chiudendo gli occhi, ha cominciato a immaginarsi come una prostituta del Settecento veneziano: gli uomini la corteggiavano, la pagavano, la desideravano e lei li faceva impazzire. Un'immagine strana per una donna che ha passato tutta la vita dai preti e dalle suore a fare beneficenza, a comportarsi da suora laica.

L'anima di Anna soffoca per gli attacchi di panico, ma non perché durante la sua infanzia aveva visto gli attacchi di panico della mamma, non perché veniva costantemente abbandonata. Quelle erano cose spiacevoli, ma l'anima sognava altro. L'anima di Anna si sentiva soffocata dalla sua religiosità unilaterale e la "puttana del Settecento veneziano" rappresentava il prorompere dell'altro lato di sé.

Piuttosto ci si dovrebbe chiedere: perché una prostituta veneziana? Perché del Settecento? L'anima sceglie immagini dell'epoca più adatta per esprimersi, per affacciarsi alla

[45] Carl Gustav Jung, *Realtà dell'anima*, Bollati Boringhieri, Milano 2015, p. 59.

coscienza. Il mondo libertino del Settecento veneziano era molto lontano da lei, agli antipodi della sua vita tutta casa e chiesa. Ma la prostituta era una certezza inequivocabile e indiscutibile del suo inconscio. Da anni lei si sentiva male anche in chiesa e, spesso, andava a confessarsi perché sentiva "impulsi irresistibili" che condannava.

Le contraddizioni servono

Anna sentiva, come avrebbe detto Englander, irresistibili impulsi, ma li combatteva, li ripudiava, li voleva cancellare. Si colpevolizzava tantissimo quando si toccava. Li accettava solo come immagini pertinenti a una prostituta veneziana del Settecento. Nella sua fantasia era sempre mascherata. Le ho spiegato che non c'era contrapposizione tra la "suora laica" e la "donna mascherata" che desiderava il piacere. Entrambe le donne volevano stare insieme, dentro di lei.

La seduta risolutiva è stata quella in cui ha potuto immaginare se stessa, in un lato della mente, come la donna che pregava e dall'altro lato, contemporaneamente, come quella vestita in modo trasgressivo, mentre camminava per la Venezia settecentesca. La lotta è cessata in quell'immagine, evocata a occhi chiusi. Gli attacchi di panico sono scomparsi. Si ripresentavano quando era completamente assorbita dalla vita parrocchiale, ma per farli cessare bastava che lei chiudesse gli occhi e facesse arrivare l'immagine della donna trasgressiva.

In qualche modo, la Maria dei cattolici e l'Afrodite dei Greci non lottavano più l'una contro l'altra.

Non somigliare a nessuno

Francamente non amo la frase "lavorare su di sé". Perché chi lavora su di sé finisce sempre per scegliere quello che crede il suo lato migliore, mettendo in ombra quello che ritiene il lato "brutto". Quanta vita buttata via per cercare di correggere i nostri presunti difetti, le nostre "brutture", i nostri "vizi".

Angelica, 35 anni, era convinta di aver rovinato tutti i suoi rapporti d'amore, le sue relazioni di coppia, a causa della sua possessività. Anche lei, come Anna, attribuiva il suo "difetto" all'esterno: a un padre che se n'era andato via di casa troppo presto, quand'era piccola.

I rapporti d'amore in realtà non finiscono perché siamo possessivi, ma semplicemente perché non vogliamo che durino! E quindi, sia benedetta la possessività! Se vuoi amare un uomo dopo l'altro, perché vuoi a tutti i costi una relazione duratura? L'anima faceva finire le sue storie rapidamente, perché non voleva sposarsi come tutte le altre. Le piaceva "possedere" più uomini, uno dopo l'altro: uno solo per sempre non le bastava. Non lottare con se stessi significa dirsi: "Io sono così, sono quella che fa così, perché voglio volare di fiore in fiore".

Colpevolizzarsi significa condannarsi a ripetere continuamente quell'esperienza, mentre l'accettazione invece porta alla pace. "Sono questa e sono quella", sono la possessiva e la donna che vuole restare da sola: nell'anima non c'è mai, mai, un solo lato. La suora laica e la prostituta non sono l'una contro l'altra.

E comunque il mio lavoro mi ha insegnato che se smetto di lottare con me stesso, con quello che non mi piace di me, allora, solo allora, inizia il vero viaggio dell'anima. L'anima non vuole avere una sola cosa, ma anche il suo opposto, e non vuole assomigliare a nessuno. Che importa se tutte si sposano? Mica le devi imitare! Che importa se tutti si comportano bene e tu no?

La psicoterapia ha senso solo se ti aiuta a ricordarti che il tuo viaggio ha la sua meta, non quella di qualcun altro.

L'anima non è fatta per un solo personaggio...

Roberta, 41 anni, al primo incontro mi parla in modo concitato. Vuole a tutti i costi un figlio che non arriva: la sua mente sembra che pensi solo a quello, alla fecondazione assistita, al "bambino, che è l'unica cosa che voglio". Vive nel regno della fretta, dell'ansia, dell'angoscia di non poter arrivare allo scopo, al figlio tanto desiderato. Ho una sensazione paradossale: che la madre che vuole diventare abbia inaridito la donna che c'è in lei. Forse l'ansia è il sintomo della sua donna interiore perduta.

Chi soffre di ansia è come accecato: vede un solo personaggio e ci si identifica, credendo che sia la sua natura. Qualcuno è tutto concentrato a diventare un manager di successo, qualcun altro deve recitare il ruolo del leader, del seduttore, della donna pia o, come nel caso di Roberta, della mamma a tutti i costi, anche se questa identità unilaterale fa inaridire il femminile... L'anima non è fatta per un solo personaggio.

Roberta sogna un figlio, vagheggia la mamma che vuole essere, ma la donna, la femmina, l'erotismo sono assenti. È tutta concentrata sul bambino... Non c'è eros, non c'è il mondo segreto della femminilità, della sessualità. L'ansia prorompente, quest'energia senza tempo, invade tutto il suo spazio psichico: l'inconscio non vuole essere solo madre e l'ipotalamo e l'ipofisi, le zone del cervello antico dove vive l'energia primordiale, si ribellano e non producono più gli ormoni gravidici.

Chi soffre di ansia ha cercato la sua identità in una sola direzione. È diventato una sola cosa. Ma Paracelso ci aveva insegnato che ogni donna poggia la sua femminilità sulla "matrice", un'energia primordiale, antica come le origini della vita, che assume tutte le forme del femminile: la madre, la donna erotica, colei che allatta, la Signora della natura e dei boschi come Artemide, la saggezza dell'anima come Atena. Da quando voleva solo diventare madre, le emozioni di Roberta si erano anestetizzate: non era neanche più gelosa del marito, mentre prima era quasi un'ossessione. Ora aveva in testa solo corredini, carrozzine, culle...

Se diventi una sola cosa, ti ammali. Bisogna imparare dai bambini che giocano, interpretano mille personaggi, passando da uno all'altro: il loro cervello sa che non basta essere solo lo scolaro attento a scuola... Tanti volti, tanta gioia di vivere: un solo volto ci fa ammalare.

Così ho consigliato a Roberta di ritrovare la donna erotica. La fretta, la frenesia e l'ansia che emergevano nei primi colloqui sono andate via via riducendosi: veniva alle sedute vestita in modo sempre più seducente. L'identità materna aveva lasciato spazio alla donna erotica e aveva quasi smesso di pensare al bambino che doveva arrivare.

Aveva ripreso a fare l'amore senza più preoccuparsi della gravidanza, perdendo la testa, come forse non le era mai capitato... Ma la cosa più interessante è che, per "un impulso irresistibile", si era messa a coltivare piante sul suo balcone. Fioriva il femminile, fiorivano i fiori di casa sua... e fioriva il suo ventre. Un gesto come coltivare i fiori, o l'eros senza pensieri, avevano attivato la matrice, l'archetipo del femminile. Liberata dall'identità materna, la matrice, la Signora della luna, aveva "fatto" il bambino, che lei non cercava più.

La donna erotica, la coltivazione delle piante del terrazzo, hanno chiamato la "volontà inconscia" dell'energia femminile e ciò che non è accaduto in tre anni è avvenuto in poche ore.

Non c'è la gravidanza... prima c'è un'immagine gravidica, un sapere profondo del femminile che non può essere escluso dalla vita di una donna, salvo diventare cerebrale, persa nei modelli esterni, che finiscono per disturbare la matrice che crea quel corpo femminile e da cui dipendono tutti gli ormoni della fecondazione e della gravidanza.

L'ansia che l'ha portata in psicoterapia da me corrispondeva alla fuga dalla donna interiore. Lei voleva a tutti i costi un figlio, ma il suo femminile originario si sentiva perduto. L'ansia è la risposta energetica più intensa alla perdita della nostra Immagine originaria: ci avvisa che siamo diventati troppo esterni, troppo in balia degli altri, delle relazioni, del pensiero comune. "Se non faccio un figlio adesso, a quarant'anni poi non sarò più madre." L'inconscio di Roberta non voleva un figlio, a discapito della donna interiore... Gli attacchi di ansia erano la voce disperata di questa donna che non voleva venire allontanata... Quando Roberta se ne è riappropriata, la gravidanza è arrivata e gli attacchi d'ansia sono scomparsi.

La decima mossa

DISTRUGGI LA TUA STORIA

Guai a credere che siamo il frutto
della relazione con i nostri genitori,
il risultato di ciò che ci è accaduto nella vita.
Non è così.
E poi, come diceva Spinoza, è inutile piangere
sul proprio passato, bisogna cambiare rotta.
E cercare la nostra unicità.
Noi non assomigliamo a nessuno.
E ogni pianta è in grado di fare il suo frutto,
al di là del terreno su cui è seminata.

A volte mi attribuiscono pensieri che non ho. Credono di cogliere nelle mie parole cose che non dico. È il meccanismo mentale della proiezione: ci fa vedere solo le nostre illusioni.

Prendo spunto dalla lettera di Ilaria, 32 anni.

Ecco cosa mi scrive.

Buon giorno dottore!

Mi chiamo Ilaria, ho 32 anni e sono "figlia della sua scuola". La mia è un'esperienza meravigliosa, popolata di anime che mi hanno aiutato a intravedere ancora la mia bellezza. Ma, impegnata a sbrogliare dinamiche familiari, sono ancora bloccata nella ricerca della vera me stessa.

A proposito del suo discorso sul maschile e il femminile che ha pubblicato su Facebook, devo farle una domanda. E se fosse proprio una donna a reprimere la donna che la abita, cosa succederebbe? Cosa le direbbe? Supponiamo di trovarci di fronte a una "bambina" con un padre traditore, con una madre che ha annientato la propria femminilità senza preoccuparsi affatto di curarla, con una sorella, di conseguenza, fragile in amore e ai limiti dell'anoressia; lei cosa direbbe a quella bambina? E se quella bambina fosse cresciuta ripetendosi "Io sono un bravo soldatino! Io sono forte e non soffrirò per amore!", accumulando esperienze con uomini (perché, tanto, il modello dell'uomo insensibile e con mille tresche, quello di suo padre, non si batte, è vincente), lei che cosa direbbe a questa adulta?

Così facendo, negli anni, ho sepolto la mia femminilità, piano piano, terrorizzata dalle gonne e con i capelli sempre più corti... Tanto da portare quello che è il mio fidanzato da ormai sei anni, un uomo eccezionale, a non sfiorarmi mai! Non sono più donna! Cosa può dirmi, dottore?

Non so se troverà il tempo di rispondermi, ma la ringrazio ugualmente della cortese attenzione! Buona giornata!

Cantastorie di te stesso

Sinceramente quando qualcuno mi dice che si sente "della mia scuola" mi preoccupo: io non ho mai parlato di ricercare se stessi.

Se il nostro cervello cambia ogni nanosecondo, cosa vuol dire "essere se stessi"? La cosa peggiore che puoi fare è cercare e, peggio ancora, trovare il "te stesso".

Quella che chiami "te stessa", cara Ilaria, è l'idea che ti sei fatta di come dovresti essere, di quale è l'Ilaria "giusta" e come fuggire a quella "sbagliata". Sai cosa c'è di sempre uguale dentro di noi? La nostra mente che pensa, che crede alla nostra storia, che individua i problemi e li cronicizza. Siamo esseri speciali, unici, irripetibili e invece diventiamo cantastorie di filastrocche inventate, ognuna identica a tutte le altre. E se il tuo femminile voleva i capelli sempre più corti e i pantaloni, per amare, desiderare, fare l'amore con quello stile? Come si fa a dire che sei sbagliata perché lui non ti sfiora mai?

E poi, che essere eccezionale sarebbe mai costui? Eccezionale secondo quale metro? Di eccezionale c'è che gli va bene stare con una donna senza mai sfiorarla. E se fosse proprio lui a non avere voglia e quindi si è cercato una compagna con cui può evitare di mettere in mezzo il sesso, perché gli fa troppa paura?

Le cose sono molto diverse da come le vediamo e i giudizi che esprimiamo su noi stessi sono sempre sbagliati.

Non devi conoscerti

Un tempo avevo in cura Giovanna, 28 anni. Tutta la famiglia e anche gli amici contestavano "il suo look mascolino e ribelle", che il suo psicoanalista interpretava come frutto del desiderio di assomigliare al padre, che era un prepotente, mentre sua mamma era una donna fragile, in balia del marito.

"Lei rifiuta la donna che è in lei" le diceva il suo terapeuta "per paura di diventare come sua madre, schiacciata da suo papà." Anche lo psicoanalista aveva un pensiero omologato.

Noi siamo come siamo, ci vestiamo come ci vestiamo, perché siamo unici e la donna che abitava Giovanna la voleva così, così come il femminile del mondo fa le rose con le spine. E allo stesso modo la tua dea interiore, cara Ilaria, ti vuole "con i capelli sempre più corti". Quando Giovanna in una seduta mi ha detto: "Sono così e sia quel che sia", allora si è piaciuta per davvero! In poco tempo ha incontrato un uomo con cui passava giornate intere a letto, facendo l'amore come piaceva a lei e non come le aveva raccomandato sua madre, che lei definiva un modo da "suora castigata".

L'errore più tremendo della ricerca di te stessa è quello di correggerti, cioè di agire contro il tuo istinto, e quindi di farti andar bene un uomo che non ti piace. Se non ci fai l'amore è perché la tua donna interiore non lo desidera, non perché sei bloccata da un padre prepotente.

La "mia scuola", come la chiami, parla di distruggere la propria storia, non di renderla causa e alibi dei nostri disagi. Ripeti ogni giorno, come faceva Goethe: "Io non so chi sono e non mi voglio conoscere".

Non assomiglio a mio padre e a mia madre, niente può modificare e seppellire la Femminilità, che vuole esprimersi come la terra a modo suo.

"La terra è un elemento molto adatto a nascondere e mostrare le cose che le vengono affidate."[46]

[46] Gaston Bachelard, *Le cosmopolite, La terra e il riposo*, Red!, Como 1994, p. 9.

Il femminile è una terra e un mare sconosciuti, che crea, al di là del pensiero, la donna interiore da cui nasce ogni giorno Ilaria. Per questo la "mia scuola" parla di "nientità", di affidarsi al buio, al regno della notte, al silenzio interiore, che non commenta e non spiega gli stati d'animo. I genitori, l'abbandono, i traumi sono causa dei nostri disagi solo agli occhi di una psicologia lontana dalla vita e dalla natura. Il vero lavoro su di sé è distruggere l'idea che ci siamo fatti di noi stessi e che ci sforziamo di conservare a ogni costo.

Immagina il tuo albero

Cara Ilaria, elimina i giudizi: non hai vicino un essere speciale, ma uno che non ti desidera e a cui non piaci come sei. Guai se cercassi di compiacerlo: magari sarebbe contento, ma avresti perso l'unica cosa che conta, la tua dea, che sta creando la tua unicità. Come tutte le dee, sta nascosta nel buio della terra del tuo essere e adora quando ti vesti con lo stile che lei predilige. Come insegna Bachelard, la terra c'è sempre e così il femminile, la forza che crea incessantemente ciò che siamo, al di là delle nostre convinzioni.

Che cosa fare? Non devi certo pensare al papà infedele. Invece immagina, come avrebbero fatto i Greci, un panorama dove c'è il tuo albero preferito ricco di fiori e di profumo. Immagina te che danzi intorno alla pianta. Spesso, nei gruppi di psicoterapia, faccio parlare le persone del loro problema, poi le invito a chiudere gli occhi e a immaginare di danzare intorno all'albero a loro più affine. Giovanna immaginava un mandorlo in fiore e la pace arrivava subito. Fallo anche tu, con la tua pianta.

Ogni volta che chiudiamo gli occhi e immaginiamo una pianta, entriamo nel regno di Artemide, la dea che di quando in quando sparisce, non si mostra più, si occulta.

> Artemide è intimamente legata con tutto ciò che vive nella libertà della natura; animali, piante e fiori.[47]

[47] Walter Friedrich Otto, *Theophania*, Il Melangolo, Genova 1996, p. 114.

Se noi impariamo a vedere gli dèi nei nostri sentimenti, nelle nostre azioni, persino nel nostro look… saremmo seduti veramente sul mistero e da lui ci faremmo guidare.

> Artemide rivela il mondo nel segno di una femminilità totalmente diversa: quella della freschezza virginea, della purità, della dolcezza e, insieme, della selvatichezza.[48]

Immaginare un albero e danzarci intorno riattiva le energie cerebrali più antiche, naturali, selvagge. È la forza di Artemide che si manifesta nel rapporto femminile con la natura, con l'orto, con il coltivare, con il lato terrestre della vita.

Per qualche altra donna è in primo piano Afrodite, la dea dell'amore, che dona al mondo l'erotismo e la pace. Solo chi vive il desiderio con passione può conoscere la felicità e la serenità. Vedere la dea nella nostra vita è riconoscere il nostro lato cosmico, dal quale dipendiamo in ogni istante.

Per vedere il nostro lato selvatico, Artemide, occorre un occhio libero dal desiderio di assomigliare a un modello. Così ogni volta che una donna desidera un uomo è Afrodite che sta scendendo in campo. Non c'entra che cosa ci è successo, che traumi abbiamo subito. Così siamo abitati da sentimenti e forze che sono cosmiche e non personali.

La vera saggezza è sapere che siamo esseri cosmici, che siamo il Tutto in ogni istante.

È inutile fissarsi sull'esterno, sulla fortuna o sulla sfortuna, sul successo, sulla durata degli amori, delle ricchezze.

> I beni di questo mondo sono instabili: più la fortuna è grande, più è vicina alla sfortuna. Tutti i valori sono artificiali, non vi è né nobile né volgare, né giusto né ingiusto, né grande né piccolo, un pelo vale una montagna.[49]

Vedere in ogni desiderio, in ogni sentimento, in ogni nostra azione l'energia dell'eterno è il modo del Tao. Dobbiamo liberarci dall'idea che il nostro destino sia tracciato solo dalla famiglia, c'è in noi qualcosa di ben più ampio…

[48] Ivi, p. 113.
[49] M. Granet, *La religione dei cinesi*, cit., p. 142.

Vi siete mai chiesti che cosa ha a che vedere l'anima con i nostri genitori? Secondo Scholem, gli antenati sono Immagini che ci appartengono, sono il fondamento del nostro seme, del nostro Sé. Per questo i Romani li adoravano. Ognuno di noi possiede qualcosa di veramente suo, qualcosa di antico, di unico: il *daimon*. È lui che ci conduce, è lui che sceglie i genitori. Dice James Hillman:

> È stato il mio *daimon* a scegliere sia l'ovulo sia lo spermatozoo, così come aveva scelto i portatori, detti "genitori".[50]

Daimon è una presenza segreta che traccia il mio percorso, come un dio misterioso, un'energia che vive nella profondità dell'essere.

Sonia non avrebbe voluto avere a che fare con un padre come il suo, eppure... Sentite che cosa mi scrive.

> *Mio padre, per me il mio primo principe azzurro, un uomo buono, disponibile, lavoratore, un papà perfetto fino a quando non ho scoperto una verità che ha sconvolto tutta la nostra famiglia. Mio padre ha sempre guadagnato bene, ma noi avevamo solo lo stretto necessario e lui era sempre pieno di debiti con amici e banche. Uomo di gran fede che andava tutti i giorni in chiesa e recitava il rosario.*
>
> *Per farla breve, circa tre anni fa abbiamo cominciato ad avere dei sospetti e dopo aver scoperto che negli ultimi dieci anni aveva contratto prestiti per oltre 120.000 euro, che non aveva speso per la famiglia, abbiamo scoperto che andava a prostitute, anche più di una volta al giorno. Mia madre a questo punto mi ha confidato di aver subito per anni molestie sessuali da parte di mio padre, che voleva avere continui rapporti. A tutte le ore, in tutte le situazioni, anche se lei dormiva o anche quando è stata operata ed era in ospedale. Una vera ossessione. Mamma ha sempre tenuto tutto per sé.*

[50] James Hillman, *Il codice dell'anima*, Adelphi, Milano 1997, p. 90.

La delusione di Sonia è tanto più forte, perché aveva l'immagine del papà principe azzurro, dell'uomo buono, dolce...

Ma chi era stato a scegliere quel padre? Secondo Scholem, al momento della fecondazione, la nostra Immagine antica, primordiale, sceglie l'ovulo e il seme, li attrae a sé, li unisce e poi entra nell'ovulo fecondato. Come vedete siamo vicini a Hillman, lo psicoanalista che più di tutti conosceva le leggi dell'anima.

Per quale scherzo del destino l'Immagine antica di Sonia aveva bisogno di un padre follemente preso dall'eros? E capace di vivere due vite: quella di uomo di fede, di padre dolce e quella dell'erotomane?

Il papà lottava tra il "mondo pulito" del rosario e quello "sporco" del peccato.

Ora papà si è ammalato di Alzheimer ed è a uno stadio grave. E io continuo a chiedermi come sia possibile un simile sdoppiamento di personalità. Tra l'altro, nonostante la malattia continua a negare tutto.

Avremmo potuto vivere con una situazione economica buona, invece ha sacrificato tutta la famiglia ai suoi vizi. Per non parlare di quello che ha fatto subire a mamma. E le conseguenze le ho pagate io. Mia madre mi ha sempre trattato con grande severità, non sono mai potuta partire con una amica o con il mio fidanzato e attuale marito. Anzi, quando avevo 28 anni ha scoperto che prendevo la pillola e mi ha trattata come fossi una prostituta.

Nonostante tutto amo mio padre infinitamente, l'ho perdonato e lo accudisco con tutto il mio amore, con grande dolore per la sua malattia. Ma vorrei sapere perché e come per tutta la vita abbia potuto avere una doppia vita e sia riuscito a prendere in giro tutti noi. La stimo molto.

Questo modo di essere nel mondo del papà cosa c'entrava con Sonia? Lei non è mai stata come lui, non ha mai avuto le stesse esigenze erotiche. Dov'era la loro affinità?

I genitori sono proprio così lontani da noi, o invece nei loro vizi sono presenti energie nascoste che vivono dentro di noi, che ci appartengono? Energie che non vediamo e che ci appaiono immorali nei loro comportamenti. È per questo che si dice "tale padre, tale figlio"? Nel mio lavoro ho visto figli di persone che hanno compiuto atti spregevoli condurre invece una vita senza vizi, tranquilla, esemplare. Come se avessero imparato a prendere le distanze dal mondo dei genitori.

E allora perché la nostra Immagine antica si è scelta quello spermatozoo? Per farci soffrire? O per insegnarci a lottare contro il male, riconoscendolo proprio nella nostra stessa casa?

Se ha ragione Hillman, ci "siamo scelti" i genitori che ci sbattono in faccia i loro vizi, perché abbiamo bisogno di incontrare i loro demoni, riconoscerli e poi... magari evitarli.

Sonia ha lottato tutta la vita contro i "vizi paterni": li ha visti, li ha scoperti, ha potuto amarlo ugualmente. Quell'uomo non poteva essere separato dalla sua doppia vita: era l'uno e l'altro, il puttaniere e il padre affettuoso, l'erotomane e il moralista.

Secondo l'Immagine antica di ciascuno di noi, i padri "vivono" nei figli... ma vedendosi di fronte i loro vizi, i figli li riconoscono e non precipitano nel loro stesso abisso. Il male dei padri e delle madri diventa evidente e così non diviene nostro... Un "padre sbagliato" diventa occasione di conoscenza di sé: il papà erotomane ha evitato che Sonia lo diventasse? O l'ha liberata da altri vizi? Amare il padre è anche accogliere i suoi peccati? Vedere l'erotomane scatenato ha fatto prendere a Sonia le distanze, le ha fatto vedere il Doppio: il sacro e il profano che c'erano in suo padre. L'ha costretta a rivedere la sua purezza, a cogliere la contraddizione che abita in ciascuno di noi, così evidente ed esasperata in suo padre.

Una mia paziente aveva la madre prostituta. Quando l'ha scoperto, ha ricominciato ad amarla. "Non so perché, ma ho visto con occhi diversi quella donna che con me era così dura e moralista. E ho cominciato a volerle più bene. Anche se ci vediamo poco, so che qualcosa di lei mi è servito per star meglio."

Forse, come diceva Rilke, i genitori ci servono per scoprire che dentro i nostri draghi si nascondono principesse.

> I miti dei draghi, che si tramutano nel momento supremo in principesse; sono forse tutti i draghi della nostra vita principesse.[51]

Il male dei padri non ricade sui figli, ma anzi li libera. Forse il nostro *daimon* ha scelto quell'ovulo fecondato per incontrare l'abisso, senza venirne travolto.

Scegliamo i nostri genitori cosiddetti "sbagliati", pericolosi e immorali, per evitare a nostra volta di precipitare. I vizi dei genitori ci insegnano a tenerci alla larga.

[51] Rainer Maria Rilke, *Lettere a un giovane poeta*, Adelphi, Milano 2013, p. 60.

L'undicesima mossa

SMETTI DI RIMUGINARE SUI PROBLEMI

Pensare e ripensare alle cose
che non vanno bene nella nostra vita
rende stagnante la nostra energia cerebrale.
Occorre imparare l'arte della distrazione,
dedicarsi alle piccole cose come coltivare una pianta,
ricamare, dipingere, scrivere…
Allora il cervello si rigenera
e attinge alla sorgente inesauribile del Sé.
Così facendo, arrivano veri e propri miracoli.

Da me vengono tante persone: quasi tutte sanno che cosa non va bene nella loro vita, che cosa vorrebbero eliminare dalla loro interiorità. Tutti vengono in psicoterapia per essere perfetti, senza invidia, gelosia, rabbia, paura, senza relazioni infelici, senza tristezza. E soprattutto senza passato, liberi da quelle cose sgradevoli che sono successe. Liberi dalla vergogna che hanno provato, dalle delusioni, dai rifiuti che hanno subito.

Tutti vorrebbero essere migliori e non comprendono che l'idea di perfezionarsi è il peggior veleno che possiamo somministrare alla nostra anima.

A Giada, 35 anni, che dopo essere stata lasciata dal marito con tre figli piccoli mi ha detto che voleva rimettere le cose a posto, che voleva recuperare il rapporto con lui, che era disperata, che voleva capire che cosa aveva sbagliato, ho risposto che bisogna lasciare le cose così come sono, che non ci sono cose da rimettere a posto.

"Provi a dirsi: la mia vita è questa, così com'è adesso. Punto! Così com'è...", questo le ho detto.

La cura di sé appartiene a un'energia che non si sforza di rimettere le cose "a posto". Non c'è niente da sistemare, c'è soltanto da imparare a stare con se stessi senza dirsi nulla e ad accogliere così come sono le cose che ci arrivano. Non è un messaggio di rassegnazione cristiana, ma un'altra percezione di noi stessi che deve scendere in campo.

Ti possono abbandonare o farti soffrire solo perché hai perduto il tuo centro, perché vivi sulla buccia del tuo frutto, dove sembra che solo il mondo esterno sia importante. Il mio lavoro mi ha insegnato che si soffre perché siamo diventati tutti omologati, tutti simili gli uni agli altri.

Come Giada, la mia paziente che era diventata "la mamma che si occupa dei figli" e si era dimenticata del suo femminile, dei suoi interessi, della sua creatività, delle sue passioni. "Non c'è niente da mettere a posto": queste parole per lei sono state risolutive. Pianti disperati venivano a trovarla, senso di annientamento e lei, seguendo i miei consigli, li accoglieva senza commento. Se non ragioni sui dolori, si trasformano in senso di vuoto: il Nulla interiore è la casa dove le ferite si riparano. Se si sta coi propri disagi, perdendosi nel vuoto, senza pensieri, arriva la guarigione.

"Le cose sono come sono" significa non interferire, lasciar fare a quella forza risanatrice che i cinesi, come abbiamo visto, chiamavano *wu-wei*. Che cosa significa? Aver cura di tutto ciò che si affaccia alla nostra coscienza, ma senza dirsi niente, senza cercare le cause, senza credere che stiamo male perché qualcuno ci ha lasciati. C'è un'azione germogliante, un fiore che sta nascendo nell'energia primordiale del cervello, una dea che sta provvedendo, che sta sbocciando. Fondamentale è non lamentarsi e non cercare di rimettere le cose a posto. Qualsiasi cosa sia accaduta, non può turbare le leggi essenziali del nostro essere. Spontaneamente, il Tao ci porterà via dal disagio dell'abbandono.

> Il Tao (come il Cielo, cioè la Natura) è immaginato come il *principio* immanente *della spontaneità universale*.[52]

Prendersi cura di sé significa rispettare l'invidia, la rabbia, la paura, la tristezza quando vengono a trovarci, senza lamenti e senza il desiderio di mandarli via. Prendersi

[52] M. Granet, *Il pensiero cinese*, cit., p. 391.

cura di sé significa diventare impersonali, senza identità: basta ripetersi qualche volta durante il giorno, anche solo per pochi attimi, "Io ascolto il dolore, e non mi importa che cosa l'ha provocato". Così facendo si affaccia il vuoto interiore con la sua forza di guarigione. Quando arriva il dolore, percepire il vuoto, senza pensare, può risvegliare energie terapeutiche che si affidano al Tao e alla sua energia incontaminata.

> Il Tao (il Cielo, la Natura) non *collega*, ma è distaccato, imparziale; *anima il gioco* e *se ne tiene fuori*. Sua unica regola è il *wou wei*, il *non intervento*. Si pensa, certo, che esso agisca, o piuttosto che sia attivo, ma nel senso che *esso irradia senza stanchezza una specie di continua vacuità.*[53]

Il *wu-wei*, il non intervento, quel "non fare nulla" che ho consigliato a Giada, è la formula terapeutica più fondamentale dei grandi terapeuti taoisti. Noi non siamo riusciti a imitarli... a distanza di 3000 anni.

Poi sarà l'energia originaria che ciascuno di noi possiede a guarirci. Originaria e originale, diversa per ciascuno di noi. Ci ammaliamo perché siamo diventati simili agli altri. Dobbiamo prenderci cura di noi stessi e far posto a quelli che chiamiamo "i difetti", che altro non sono che voci del nostro carattere, che è unico. Permalosi, egoisti, insicuri, gelosi, invidiosi: questo dobbiamo essere, e non brave persone, che recitano una finta bontà. Quelli che chiamiamo "peccati" sono stati energetici che, se repressi, diventano malattie o ci inaridiscono. Aver cura dell'invidia o della gelosia significa far entrare dentro di noi energie che preparano la nostra evoluzione. Il punto non è migliorare, ma stare vicino ai nostri demoni: allora se ne andranno spontaneamente, e se torneranno è perché ci saranno di nuovo necessari in quel momento della nostra vita.

Giada si è fatta carico del suo disagio: adesso ha l'uomo che sognava, tre figli felici, vive di nuovo passioni che

[53] *Ibid.*

aveva dimenticato. Lei ha lasciato andare, ha preso le cose come sono...

Via via, giorno dopo giorno, si distraeva dalla separazione. Non diceva più le solite cose, tipo "Che sarà di me? Perché se ne è andato?". Le avevo consigliato di immaginare a occhi chiusi la sua donna interiore, che altro non è che l'energia femminile che abita ogni donna. Ha ripreso a guidare l'auto, lei che non poteva avvicinarsi a una galleria senza attacchi di panico. Spesso l'anima vuole essere abbandonata, per trovare il suo destino.

Non bisogna rimettere le cose a posto, ma guardare in modo differente. Se cambia il nostro sguardo, se non cerchiamo più di migliorare, le cose si mettono a posto da sole. Così la pensavano i grandi saggi del Taoismo.

Basta evitare di portare lo sguardo su quello che ci è capitato, di rimuginare chiedendoci mille volte perché. Altrimenti il dolore, invece di passare, diventa cronico...

Non dobbiamo mai dimenticare di avere uno sguardo verso l'esterno, per vedere il mondo, ma anche un occhio interno che è fatto della stessa sostanza dei sogni: vive di immagini, le adora. Il mio lavoro consiste nel trasformare i problemi, i disagi, in immagini. Lo sguardo esterno non può nulla contro i nostri dolori, anzi si attacca ancora di più alle illusioni, alla vana speranza che le cose si possano rimettere a posto. Ci porta a rimuginare, e non arriviamo da nessuna parte. L'occhio interno, solo lui, realizza la guarigione. Qualsiasi cosa terribile ti accada, chiudi gli occhi, scendi nel buio e... immagina. Nei gruppi del giovedì consiglio di chiudere gli occhi e cercare l'immagine di una donna antica che vive fuori dal tempo e che si prende cura di noi. Così ha fatto Valeria.

Guarda con l'occhio interno

Caro dottor Morelli,

ho fatto come ha suggerito lei in un suo libro. Mi sono immaginata di avere una donna interiore, una donna dell'antica Roma, con capelli lunghi e ricci, grande, dolce e materna.

L'ho chiamata Aurora. E quando sentivo arrivare il dolore e l'ansia che mi stringeva la gola fino a impedirmi di respirare mi immaginavo lei, che mi coccolava e proteggeva... Devo dire che mi ha aiutato a superare il dolore e la grande ferita che mi ha inflitto un uomo che ho amato, ma che a un certo punto mi ha fatto tanto male con il suo comportamento e la sua freddezza. Quando sentivo il desiderio di lui, di una sua parola, di una sua carezza, ma sapevo non sarebbe mai più arrivata, o quando la ferita sanguinava ripensando alle cattiverie che mi ha detto, stavo malissimo, tanto da dover prendere ansiolitici per calmarmi. Dopo che ho iniziato invece a farmi coccolare da Aurora le cose sono cambiate. La presenza di questa donna mi ha confortata. Adesso mi sembra di stare meglio. E di aver capito che quest'uomo non avrebbe mai potuto farmi felice.

Lo sguardo esterno ragiona sulla ferita, si chiede perché, cerca la risposta nel passato, piange sulla nostra storia infelice. Ha dimenticato la frase magica di Spinoza: non si piange sulla propria storia, si cambia rotta.

Lo sguardo deve allontanarsi dall'esterno, dalle brutte parole che ci hanno detto e che ci hanno ferito, dalla scena dell'addio, dai ricordi. Sono tutte "energie vecchie" che appartengono all'occhio esterno. Insistere in quella direzione rende cronica la sofferenza e chiude ogni via d'uscita. L'immagine della donna antica, cui Valeria ha dato il nome Aurora, evoca una vera e propria energia protettiva, come quella di Atena, di Minerva. Niente ci protegge come le immagini e come il suono: quando stai male immagina la tua dea, dalle un nome e chiamala sottovoce nel silenzio della penombra. L'occhio interiore chiama, così facendo, le energie nuove del cervello, che sgorgano da quella sorgente inesauribile che è il nostro Sé. Immaginarla e chiamarla significa entrare nel regno del rito, dove vive l'energia eterna dell'anima antica, come la dea, e sempre nuova, come l'acqua che sgorga.

Il rito che ti salva

A una mia paziente che non riusciva a staccarsi dal dolore della morte del compagno e si tormentava da più di due anni, ho fatto immaginare un albero antico (lei ha scelto l'olivo) e, sotto terra, le ho fatto seppellire dolcemente l'immagine del volto di lui che non c'era più. La mia paziente ha sentito il desiderio di farlo per davvero. Così una sera d'autunno ha sepolto la fotografia del compagno, versando l'olio sulla terra e immaginando la sua donna antica che si prendeva cura di lui. Tra l'olivo e l'immagine femminile vi è sempre stato un legame profondo. Il patto tra me e lei era che, affidandosi al rito, non avrebbe più pensato a lui, ragionato sul loro passato, rievocato i ricordi e lo strazio. E, soprattutto, che non ne avrebbe più parlato con nessuno. Silenzio, immagini e parole nella penombra ci proteggono più di qualsiasi farmaco. Così è guarita. Dopo sei mesi ha trovato un nuovo compagno.

Le cose cambiano in poco tempo, se cambia il nostro modo di vedere il mondo.

Le immagini naturali delle piante sono un importante presidio terapeutico: ci ricollegano all'essenza naturale che ci abita. La vera meditazione è la mente vuota vicino agli alberi, mentre oggi siamo sempre orientati sull'esterno, sui social, sul mondo dei media.

Quercia e castagno, i nostri alberi protettori

Qual è il problema che minaccia la nostra salute mentale? Che cosa ci rende così ansiosi, stressati, insonni e scontenti? Possiamo dare la colpa al mondo, ai politici, all'inquinamento, e certamente è vero. Ma questa è solo una verità della superficie. Nei nostri disagi c'è una voce che ci chiama, che si palesa, che si manifesta: è la voce delle piante, degli alberi, dei fiori, senza la quale siamo veramente perduti.

Mi viene in mente Mircea Eliade, il grande studioso dei miti, dei riti, dell'anima, che diceva che siamo anestetizzati perché abbiamo perduto l'anima del bosco. Consigliava di andare 10-20 minuti al giorno a riposare all'ombra della quercia, del castagno e dei grandi alberi e di affidarsi a loro per risolvere i problemi che ci assillano.

Mai come adesso abbiamo bisogno degli alberi cosmici, della loro solidità, per farci traghettare al culmine della stagione primaverile. Gli antichi vedevano nella quercia il simbolo della forza vitale della terra che si alza verso il cielo. E allora, mettete due o tre manciate di foglie nella vasca da bagno e chiudete gli occhi: immaginate la quercia che vi accoglie con le sue fronde e vi ripara dalle insidie della vita. Vi ricollegherete al pensiero degli antichi Romani, che vedevano in quest'albero maestoso il simbolo dell'ospitalità e il riparo dai fantasmi della mente.

Una mia paziente, Erminia, aveva deciso di sposarsi. A 30 anni, per la verità, aveva un atteggiamento mentale piuttosto infantile: anche la voce era ancora da adolescente. Era indecisa: voleva accettare la proposta di matrimonio del suo fidanzato, ma non si sentiva del tutto pronta. Vennero in sogno una quercia maestosa e un castagno. Mentre lei in abito da sposa s'incamminava verso la chiesa, le due piante iniziarono a perdere le foglie: un vento impetuoso le spogliò in pochi istanti. Quando mi raccontò il sogno, mi sembrò un funesto presagio per la sua vita matrimoniale: le immagini archetipiche delle piante le mostravano la perdita di energia che si preparava. Il matrimonio l'avrebbe portata all'aridità, rappresentata dagli alberi spogli. Dopo tre anni si separarono, fra lotte, avvocati e battaglie tremende. E da allora lei va ogni tanto a ripararsi sotto la quercia.

Le piante che vediamo fuori di noi sono immagini dentro di noi. Per questo le decisioni vanno sempre prese dopo aver sostato tra gli alberi: solo così si aprono i circuiti cerebrali della nostra origine. Le credenze comuni ci trascinano in scelte sbagliate; le immagini del bosco, invece, ci guidano perché sono vicine alle nostre radici. Così ragionava Ernst Jünger:

Quando tutto è silenzioso le cose cominciano a parlare; pietre, animali e piante diventano fratelli e sorelle e comunicano ciò che è nascosto.[54]

In ogni germoglio c'è l'essenza della vita

Per il pensiero cinese, nei semi che germogliano risiede il principio vitale della salute. Gli antichi Cinesi tenevano i semi accanto al letto, li custodivano in piccoli contenitori e aspettavano che fiorissero. Questo contenitore veniva chiamato *ao*.

> Traduco con *granaio occulto* (per sintetizzare) il termine *ao*. Secondo il commento antico di Ho-shang Kung: "*Ao* (segreto, buio) è *ts'ang* (ripostiglio). Il Tao è ripostiglio delle creature, che tutto contiene.[55]

I taoisti ragionavano così: nel cuore della notte la "forza germogliante" entra nel mio mondo, nella mia atmosfera, la respirerò dentro di me. Così il germoglio entrava in ogni essere che gli dormiva accanto e gli regalava la vitalità e la rigenerazione del sistema nervoso.

> La sposa stende la sua stuoia nell'angolo dove si conservano le sementi... essa assorbe la loro fecondità e dona loro la propria.[56]

Così marito e moglie facevano l'amore accanto ai semi che fiorivano: sapevano che l'elisir della giovinezza veniva dallo star loro vicini, dalla forza erotica che in questo modo assumeva il massimo della vitalità. Maschio e femmina congiungevano così l'energia sessuale e quella naturale. Qui stava, per i taoisti, il perno della rinascita e della lunga vita. Ragionare non con l'Io protagonista, ma con il pensiero magico, dove gli oggetti, i semi, le piante sono una sola cosa con la nostra interiorità.

[54] Cit. in Alfredo Cattabiani, *Florario*, Mondadori, Milano 1996, p. 3.
[55] Lao Tse, *La via in cammino*, cit., p. 305.
[56] Ivi, p. 306.

Solo i bambini oggi coltivano i germogli per giocarci; noi abbiamo perduto questi antichi saperi. Per i taoisti, i primi getti delle piante custodivano gli uomini e gli uomini li sentivano vivere dentro di sé. Solo la via naturale ci protegge, solo chi vive con le piante non è mai solo, mentre oggi siamo affetti da solitudine e depressione perché viviamo una vita chiassosa, senza silenzio, lontani dal nostro centro naturale.

Ao voleva dire anche "ripostiglio segreto", perché custodiva i semi, ma era anche, come scrive Parinetto, il rifugio: "si tratta" dice "di un luogo riservato, intimo"[57] (secondo altri studiosi è anche luogo di "protezione e di appoggio"). Il cervello e il sistema nervoso hanno in questi giovani vegetali il loro alimento più affine, perché sono costituiti da materie sottili e non hanno la benché minima controindicazione. Ripuliscono il sangue dai grassi cattivi e quindi prevengono l'arteriosclerosi e forniscono al corpo, più di qualsiasi altro alimento, la preziosa "energia verde".

Per gli antichi i germogli rappresentano l'astro luminoso che rinasce intorno a noi e sono tutti fonti di vita, sorgenti di energia di cui abbiamo bisogno per rigenerarci.

Coltivare un orto è il miglior antidepressivo

Le vie del corpo e della mente non sono mai state così distanti fra loro. E mai un'epoca è stata così impotente nei confronti del diffondersi di disagi come l'ansia, il panico, la depressione. Le malattie psicosomatiche già oggi rappresentano i due terzi di tutte le patologie: vale a dire che il nostro modo di vivere gli affetti, i sentimenti e le emozioni, influenza profondamente gli organi del nostro corpo. Ai disagi come le nevrosi e la depressione noi rispondiamo con gli psicofarmaci. E nessuno si chiede se nel nostro modo di stare nel mondo sia cambiato qualcosa rispetto ai tempi antichi, e se c'è qualcosa che possiamo fare e che non faccia-

[57] *Ibid.*

mo per ritrovare la salute e la gioia di vivere, che pure appartengono ai codici dell'anima. Perché produciamo così tanta tristezza da farla diventare una patologia?

"Ho perso mio marito" mi scrive Elda, 60 anni.

Ero talmente disperata che ho pensato di farla finita. Per due o tre anni sono andata avanti così. Poi una mia amica mi ha portato a una sua conferenza, dove diceva che i morti devono diventare immagini antiche dentro di noi e che bisognerebbe piantare un albero per chi non c'è più. L'ho fatto: ho piantato il seme di un melograno, l'albero preferito di mio marito. Il mio balcone ora è una serra, non c'è sera che non bruci lo storace e l'incenso, e non c'è giorno che non parli con le mie piante, in particolare con il mio melograno. Anche nel dolore c'è la gioia.

Baal Shem Tov, il grande saggio ebreo, diceva proprio queste parole. Quando ero in Africa, notavo che molte tribù dell'interno piantavano un seme quando nasceva un bambino: era il suo albero, cui veniva dato un nome e attribuita una virtù. Via via che crescevano, i piccoli andavano a vedere la loro pianta che metteva i fiori, i frutti. Così imparavano la grande analogia uomo-pianta: si sentivano legati al cosmo. Non ho mai visto dei giovani così lontani dal senso di solitudine come i ragazzi delle tribù africane: eppure stavano molto tempo da soli nella foresta.

Quando mi sono laureato in medicina e ho iniziato la specialità in psichiatria, si davano gli antidepressivi un anno dopo un lutto, se la tristezza rendeva difficili le relazioni. In seguito si è cominciato a prescriverli dopo sette-otto mesi, poi dopo tre mesi. Oggi già dopo quindici giorni alcuni medici somministrano psicofarmaci. Non vogliamo più accettare il dolore necessario per superare un disagio, con il risultato che così facendo lo cronicizziamo. A nessuno viene in mente la natura: vedere in una pianta l'immagine di chi non c'è più, accudirla, bruciare gli incensi e ricordare chi è morto sono riti che trasformano la psiche. E Dio sa quanto abbiamo bisogno di riti, visto che intere aree cerebrali sono dedicate alle Immagini, al Senza Tempo, alla magia, al mistero, agli dèi.

Elda immaginava il marito, il suo volto, si affidava alla tristezza come a un'amica che l'avvolgeva, e poi coltivava, annusava: tutti riti primordiali che appartengono al tempo dei nostri Avi, che possedevano la saggezza che abbiamo perduto.

Ogni volta che coltiviamo un fiore in un vaso, coltiviamo la nostra energia materna: senza saperlo ci proteggiamo. Profumi, colori, gesti creativi arrivano nel centro del cervello, lo nutrono e ci danno le sostanze sottili utili per rinascere e per farci guidare dalla nostra unicità.

Cos'è un gesto creativo? Quando si pianta un seme e si aspetta... Che cosa? Elda vedeva nel melograno il ritorno dell'Immagine di suo marito. E il suo volto, che prima viveva come un ricordo doloroso, adesso è un prezioso compagno di viaggio.

"Ogni mattina mi sveglio, guardo il melograno e vedo lui."

Apri nuovi territori

"Credevo" mi dice Rita "che separandomi avrei rovinato la mia vita e quella dei miei figli. Era un tormento dentro di me. Un giorno ho letto 'Riza psicosomatica' e c'era scritto che se pensi ai problemi, diventano insostenibili e sempre più grandi. Facevo l'esercizio del vuoto, ogni volta che mi veniva in mente la separazione. Alla fine ho smesso di pensarci, mentre prima ci rimuginavo decine di volte al giorno. E, come per miracolo, la separazione è avvenuta spontaneamente, senza lotte, senza casini."

Cambiare il modo di pensare attiva lo sguardo interno. Il vuoto, le immagini, ci allontanano dall'energia vecchia dei pensieri e ci incamminano su nuovi territori, quelli dell'occhio interno. Ci pensa lui... Le Immagini sono i farmaci dell'occhio interno. Sono loro che mettono a posto le cose.

Cosa ti viene facile?

Un altro grande veleno dell'anima è pensare continuamente alle cose che non funzionano: questo farà di te una persona malata. Se invece ti orienti su ciò che sai fare spontaneamente, attivi l'energia creativa del cervello. È lei che ti colma di molecole di guarigione...

Gianna iniziava le sedute con me elencando i disturbi e i disagi che la affliggevano da anni. "Quando mi alzo dalla sedia e mi sdraio mi si contraggono i muscoli della schiena e delle gambe. Risultato: non dormo. La sera ho sempre mal di testa, ogni telefonata di mia mamma mi fa venire un attacco d'ansia, sul lavoro sono sempre arrabbiata."

Non le ho detto di non raccontarmi più i suoi disagi e la sua storia di figlia trattata male dai genitori e neppure di non parlarmi più del rapporto con suo marito, dove "l'attrazione fisica è sempre stata il grande assente".

Il mio lavoro terapeutico non consiste nel cambiare qualcosa nella sua vita, ma semplicemente nell'aiutarla a dirigere altrove il suo sguardo, distogliendolo dai disagi per concentrarsi invece sulle sue funzioni e le sue capacità, che continuano a esistere nonostante i disturbi.

"Cosa le viene facile?" le domando. Come una rosa non fatica a fiorire e anche nelle intemperie non dimentica mai il suo fiore, la guarigione avviene solo se ti ricordi di te. Cosa sa fare Gianna spontaneamente?

"Sto bene quando pulisco le patate. Le sembrerò una scema, ma mi perdo, non penso a niente, mi rilasso. Un giorno ho sbucciato tante di quelle patate... non mi fermavo più."

Sono fortemente contrario al "pensiero positivo" che alcuni psicologi consigliano ai loro pazienti, per cui, nei momenti difficili, bisogna ripetere a se stessi: "Sei forte, sei grande, ce la farai...". Sono sciocchezze che ci rendono artificiali. È come mettersi una benda sugli occhi. I disturbi ci sono, vogliono parlarci, dobbiamo ascoltarli, non cercare di scacciarli.

La forza non serve mai a curare i disagi dell'anima, men che meno la forza di volontà. Serve un altro occhio, che scruti altri territori della nostra interiorità.

Perciò dicevo a Gianna che, quando arrivavano, doveva arrendersi al mal di testa, alle contratture, alla rabbia, all'ansia. Le facevo provare in studio l'abbandonarsi al mal di testa, come a un amante che la voleva prendere. Una resa totale, senza pensieri, senza ragionamenti, è il farmaco migliore. "Cari disturbi, venite pure, io sono qua... fate di me quello che volete..." Questo è il senso del mio fare psicoterapia.

E poi cercare che cosa vive nel paziente di veramente suo. Possiamo passare anni a lamentarci con gli amici delle nostre sconfitte, dei nostri disturbi. Ma non andremo da nessuna parte. Invece io cercavo le caratteristiche proprie di Gianna...

"Cosa le viene facile?"

"Oltre che pelare le patate? Mah... mi piace molto fare il bucato. Mi esalto con l'ammorbidente. Mi incanto..."

"E poi?"

Nei primi colloqui, appena scopriva qualcosa che le piaceva, subito lo "mascherava" riprendendo a parlarmi delle sue infelicità e dei suoi malanni.

"Mi è sempre piaciuto molto fare il bagno, e ieri l'ho riscoperto; sono andata a comprarmi dei sali profumati, come facevo una volta."

"E cos'altro?"

"Archiviare: ho proprio una memoria fotografica. Metto in ordine le cose e sono capace di ritrovare documenti spariti da anni. Questa è una mia specialità. Sono sempre stata precisa."

Questo è importante: quando stiamo male, dobbiamo portare l'attenzione sulle cose che sappiamo fare!

Sbucciare le patate, fare il bucato, immergersi nella vasca, mettere in ordine sono azioni che possono sembrare banali, ma in realtà ci stanno curando. Ci riportano alle origini di noi stessi.

Le azioni spontanee sono un modo per "ricordarci di noi", come diceva Gurdjieff:

Il ritorno a me si accompagna a un gusto nuovo e tuttavia familiare.[58]

L'attenzione portata sulle cose semplici che funzionano è un farmaco potente: spazza via le nubi, l'offuscamento che ci fa credere che noi siamo solo i nostri disagi. Riscoprire le nostre capacità e i nostri piaceri istintivi è un modo per posare lo sguardo sulle cose che la mia essenza sa fare spontaneamente. Mentre ripetere l'elenco dei disturbi peggiora la situazione, lo sguardo sulle cose che funzionano produce un'attivazione dell'energia creativa del cervello. È lei la cura, è lei che attiva il Sé a produrre le molecole della guarigione e della nostra unicità.

Vai verso ciò che ti fa star bene

Più si parlava delle cose che sapeva fare e meno Gianna parlava dei suoi disturbi. Non aveva cambiato vita, aveva posato lo sguardo su un altro lato dell'anima. L'autoguarigione è possibile solo se l'occhio cambia direzione per cercare i raggi luminosi. Le piante in casa che si contorcono per riuscire a intercettare la luce fanno quello che va fatto e non stanno a lamentarsi dell'ombra.

Gianna si è ricordata semplicemente di essere abitata da funzioni uniche, che la caratterizzavano. È bastato.

[58] Georges Ivanovič Gurdjieff, *Dossier H*, vol. I, Riza, Milano 2001, p. 171.

La dodicesima mossa

OSSERVATI PER CIÒ CHE SEI (E NON GIUDICARTI)

Dobbiamo imparare a vedere in alcuni nostri
atteggiamenti, che riteniamo sbagliati,
il manifestarsi di un'energia nascosta che sta nascendo.
Se la combattiamo, se la spieghiamo,
finiremo per perderla.
Se la accogliamo ci farà realizzare la nostra unicità:
quello che non ci piace di noi è quasi sempre
ciò che possediamo di più prezioso.
E soprattutto è il perno della nostra evoluzione.

Francesca è una donna di 43 anni, mi parla al gruppo del giovedì della "donna che si fa annientare dagli uomini". È stata in psicoterapia per smettere di essere "docile, premurosa, accondiscendente" ogni volta che inizia un nuovo rapporto.

"Ogni relazione comincia con me che divento succube: ad esempio, nell'ultima storia, lui mi diceva 'Andiamo al ristorante cinese', che io detesto, ma dalla mia bocca uscivano queste parole: 'Sì, tesoro, volentieri'."

Francesca vede il proprio "annientamento" in ogni rapporto. Anche sessualmente diventa "una geisha": "A letto divento come lui mi vuole, non va bene".

Così nella vita, nello scegliere cosa fare la sera, dove andare al cinema... "Sono andata a vedere film già visti, perché il mio partner lo desiderava, mentre io no..."

Questo senso di annientamento, come lo chiama Francesca, è seguito dopo un po' di tempo puntualmente dallo "sbotto": "Sì, dopo aver subito a lungo, reagisco, faccio una scenata tremenda e la storia puntualmente si chiude".

La geisha, la donna "annientata" reagisce in modo furioso e il partner non è preparato a queste reazioni, dato che l'ha vista sempre accondiscendente, disponibile: di punto in bianco si trova di fronte a una sconosciuta capace di un'aggressività inaspettata, a liti e scenate furibonde.

Secondo Francesca, questo suo modo di essere con gli uomini si ripete puntualmente e l'analista da cui andava collegava il suo senso di annientamento con il "ricordo" del rifiuto paterno. In sostanza, lei riviveva la bambina che per evitare il gelo paterno diventava servizievole, buona, dolce. Ma poi scattava un moto di indipendenza, il rifiuto di essere amata solo perché accondiscendente, perché si annullava. E così il rapporto con il papà era fatto di alti e bassi: la bambina brava si alternava alla "belva" che esplodeva. Secondo l'analista, e anche secondo Francesca, i suoi "rapporti sbagliati" con gli uomini si spiegavano così.

Io però la penso diversamente! Dobbiamo smetterla di spiegare ciò che siamo attraverso il passato. Proviamo a ragionare così su Francesca.

Da un luogo sconosciuto, l'inconscio, il regno della notte, arriva una geisha, una donna servizievole, accondiscendente. Si potrebbe dire che si tratta di un'energia femminile che prende Francesca e la conduce... dove la porta? A non ragionare, a non pensare, a cedere, a lasciar fare al maschile.

"Amore, portami dove vuoi... Fammi godere come vuoi tu... Io non esisto... Lascio decidere alla mia donna interiore e lei mi annichilisce, annienta la mia volontà."

Dobbiamo vedere la presenza di questa "energia cedevole" come un'Immagine che arriva dal profondo e che svolge una funzione, come una dea sconosciuta. Ogni volta che arriva un uomo nuovo, Francesca libera questa dea misteriosa, che cede, che si fa portare...

Qualcuno del mondo della psicologia dirà: "Allora se non era il ricordo frustrante dell'amore paterno che la faceva diventare così, sarà stato il fatto che lei è troppo rigida, troppo direttiva, troppo centrata sul dominio della relazione e l'inconscio si ribella facendola diventare una schiava".

No, io non la penso così, fuggo le spiegazioni: la psicologia deve cercare che cosa rende unica una persona, quali energie eterne la abitano, non che cosa le è successo in passato.

Quella donna servizievole è un'Immagine antica dell'inconscio che emerge perché è necessaria al viaggio di Francesca.

Il Tao è la Via e la nostra essenza è in viaggio... Dove stiamo andando? A incontrare le nostre Immagini antiche, gli dèi, per farci portare a destinazione. Provate a non ragionare e guardate la geisha come un'energia che arriva per creare una metamorfosi. I taoisti parlavano di una incessante trasformazione interiore che avviene dentro di noi, anche se non la vediamo. La "donna che si annienta, senza volontà, che fa fare agli uomini ciò che gli piace" è un'energia che sta trasformando Francesca, come un'energia misteriosa, invisibile, come quella che trasforma un baco in una farfalla. Vedere la farfalla che sta per arrivare attraverso la "donna geisha" è il senso della psicoterapia.

E la donna che sbotta? È un'altra energia che si affaccia... Per l'evoluzione di Francesca quell'amore non serve più, bisogna farlo finire. Quale modo migliore che urlare, sbraitare, litigare, diventare focosa come Artemide, la dea della natura, che non perdona gli esseri che non evolvono. Che errore ha fatto l'uomo che stava con lei a credere che fosse "solo" la geisha...

La donna furente e la geisha hanno entrambe diritto di esistere, entrambe sono dee che si affacciano per portare Francesca a realizzare la sua vera femminilità.

Quando compare un modo di essere che non ci piace, dobbiamo accoglierlo: solo allora diventeremo completi e ci avvicineremo sempre di più alla nostra meta, alla realizzazione del nostro destino.

La psicoterapia, come la intendo io, è uno sguardo sull'apparire di un'immagine, di un'energia che entra nella coscienza. La donna che Francesca incontra e che la fa diventare per un certo periodo di tempo la "donna arrendevole" è un'energia silenziosa, misteriosa, che assale l'Io e che la costringe a essere per un certo periodo di tempo perfino una geisha. Dobbiamo guardare l'apparire della "donna arrendevole" come un germoglio della sua pianta che sboccia. Dobbiamo vedere le immagini che sorgono dentro di noi come processi naturali in continuo mutamento. Bisogna trattare la "donna geisha" come un'onda del mare del femminile: arriva e se ne va dopo un certo periodo di tempo.

Il Tutto e ogni essere sono in perpetuo cambiamento. Eccomi diverso da me stesso, mentre credo di essere l'io di poco prima. "La vita dell'uomo tra Cielo e Terra è come un cavallo che salta un fossato e subito scompare."[59]

Le Immagini che arrivano a trovarci e che permangono dentro di noi non sono venute per avere la nostra approvazione o la nostra disapprovazione, ma per essere percepite e guidarci verso qualche luogo della nostra unicità che noi non conosciamo. Le Immagini, non il nostro Io, sanno dove dobbiamo andare e cosa bisogna fare.

Si capisce bene che il nostro pensiero attuale rifiuta l'idea di una donna che asseconda, ma il Taoismo guarda ciò che capita dentro di noi come l'arrivo di qualcosa che sta preparando una trasformazione silenziosa. Non dobbiamo giudicare, ma guardare e basta.

Tutte le sensazioni hanno altrettanta o altrettanto poca realtà. Ogni giudizio di valore, una *stima* sempre arbitraria.[60]

La saggezza taoista è molto concreta, pone lo sguardo sull'interiorità, su ciò che capita, senza commenti, senza alcun moralismo. La naturalezza è la casa del Tao.

Ci vogliono occhi naturali per vedere il proprio mondo interiore, l'apparire di personaggi che non vorremmo essere, come accade a Francesca che non vuole essere la donna cedevole. Non vuole riconoscere ciò che sta facendo... Francesca deve imparare ad avere cura di ciò che la natura le porta, che altro non è che un fiore della sua pianta che sta crescendo. Le Immagini che ci arrivano sono stati della natura e vanno accolte nel silenzio, senza commenti, come quando vediamo comparire le gemme su un ciliegio. Bisogna guardare con occhi silenziosi e accogliere.

Il "Taoismo" di Lao Tse e di Chuang Tse è una specie di *quietismo naturalista*.[61]

59 M. Granet, *Il pensiero cinese*, cit., p. 393.
60 Ivi, p. 389.
61 Ivi, p. 388.

Percepire la "donna che cede" e affidare questa Immagine al vuoto: questo è stare con se stessi, questo è il *wu-wei*: l'energia del Nulla che fa sì che le cose avvengano, si trasformino. Come fa un seme a diventare un albero? Questo sapere che non si vede è il *wu-wei*, il Nulla che agisce, la sostanza invisibile che ci cambia. I taoisti amavano l'irrompere di energie improvvise, inspiegabili, come capita a Francesca, che a sorpresa viene pervasa da una donna che la "annienta", come ama dire. Donna che torna più volte, donna che l'aspetta a ogni nuovo amore, donna misteriosa che la "fa godere per davvero solo quando compare".

Il demone che i miei pazienti fuggono è quello che più li rende vivi e, anche se lo temono, in realtà non vedono l'ora che arrivi. Inutilmente si sforzano di escludere quella parte di sé che non piace al loro Io.

Per una mia paziente, la scoperta del suo lato erotico, che la spingeva da un uomo all'altro, era la fine del mondo, l'incontro con il male. La donna sposata odiava l'altra, quella "libera, volgare, incontrollabile". Come Francesca, voleva spazzare via "quella donna inferiore che la faceva passare da un letto all'altro".

> Non è possibile stabilire una distinzione sicura, non soltanto tra termini vicini, ma anche tra il Questo e il Quello, l'esistenza e la non esistenza, la vita e la morte, il bello e il brutto, l'utile e il dannoso, l'esser bene e l'esser male. Non sono questi infatti *termini realmente contrari*, ma sono *apprezzamenti contrastanti*, del tutto soggettivi, semplicemente momentanei. Coricarsi nel fango non è malsano che per un certo individuo e in un certo momento.[62]

Coricarsi nel fango, come dicono i taoisti, svolge una funzione trasmutativa: chi vuole essere solo puro finisce per annientare la sua anima, il suo Sé. Le radici delle piante vivono nella terra, nel buio, tra i vermi... Ma guai se non ci fossero!

Un vero psicoanalista non ha mai un programma terapeu-

[62] Ivi, p. 393.

tico, ma valuta il divenire di ogni persona in base all'energia che viene a trovarla, a sorprenderla, a condurla, come nel caso di Francesca.

Le energie che ci sorprendono, che non vorremmo veder arrivare, appartengono al regno della spontaneità.

> Effettivamente lo *tseu jan*, la spontaneità, o piuttosto un potere totale di realizzazione spontanea, è la caratteristica del Cielo come del Tao. *T'ien* (il Celeste, che si oppone a *jen*, la Civiltà) evoca un'idea che può essere resa dalla parola "natura" e, nella misura in cui sembra giusto tradurre φυσις con "natura", è pur sempre questo termine quello che meglio esprimerà la nozione taoista del Tao.[63]

Si tratta di vedere se stessi come portatori di Immagini: ecco la donna che cede, ecco che arriva quella che sbotta e fa finire la relazione...

La donna "cedevole e accondiscendente" si presenta all'Io di Francesca come un'energia embrionaria, come qualcosa da percepire, non da commentare. Per la mia paziente, il presentarsi di "quella donna" all'occhio della consapevolezza è la rivelazione che qualcosa sta accadendo dentro di lei. L'erotismo che la travolge quando è in balia di "questa donna-geisha" è di un'intensità mai sperimentata prima. E quando quello che chiamiamo "demone" ci regala stati erotici coinvolgenti, significa che il Sé sta producendo la sostanza della metamorfosi. Così intendevano la "sostanza erotica" i taoisti, non come il luogo dell'appartenenza a qualcuno.

> La vita piena è raggiunta non appena si riesce, rifugiati nel Cielo (*ts'ang yu T'ien*), a mantenersi in uno stato di ebrezza estatica o piuttosto di *apoteosi permanente*.[64]

Innamorarsi, per il Tao come per i Greci, significa entrare nel regno di Eros. Non c'è l'idea dell'amore come legame, ma come casa di uno sviluppo embrionario. Facciamo

[63] Ivi, p. 390.
[64] Ivi, p. 386.

l'amore per dare al Sé l'energia per evolvere. Percepire il vuoto nell'amore è la Via del saggio.

> *Il vuoto*, che egli ha creato in sé grazie all'estasi, *si estende in suo favore all'Universo intero.*[65]

Ecco lo sguardo e i suoi poteri. Vedere la geisha significa che qualcosa sta accadendo, giusto o sbagliato che sia. È uno sguardo senza moralismi, che non si preoccupa del giudizio del pensiero comune: più la percezione è puro sguardo e più l'energia cerebrale scorre libera verso la sua meta. La geisha arriva per estrarre l'eros che serve alla trasformazione del femminile, che ci porterà non sappiamo dove.

Trattare noi stessi come portatori di qualcosa che non sappiamo dove andrà a finire è la miglior azione psicoterapeutica di cui siamo capaci. Senza consigli, senza lamenti, senza ascoltare nessuno, la donna interiore sviluppa l'embrione dell'anima. Appena nati e con la pubertà, il femminile ha fatto prima la bambina, poi la donna, adesso c'è da fare la dea: questo è il lavoro della maturità.

L'affacciarsi di nuovi stati d'animo, anche se non piacciono al nostro Io, è la rivelazione del fatto che stiamo compiendo la nostra evoluzione. Come in gravidanza si formano gli organi, gli arti, così nello sviluppo della coscienza, dell'energia evolutiva, appaiono immagini come la geisha di Francesca.

Non c'è da giudicarla, ma semplicemente guardarla... e guai a cercare di mandarla via o, peggio, di capirla. Molti mi domandano che cosa dobbiamo fare per stare bene, per raggiungere la nostra meta, per arrivare a realizzare la nostra vera natura. Rispondo: "Niente, ma quel niente bisogna farlo bene...".

Siamo condotti da una trasformazione silenziosa che ci pervade. A noi sta cogliere senza dirci niente le Immagini che arrivano. Non c'è panorama migliore se lo sguardo interiore è pronto a portare la luce per illuminare l'Imma-

[65] *Ibid.*

gine in arrivo, come quella della geisha nel caso di Francesca. Ha bisogno della percezione, della luce interna degli occhi che la vede e così la rigenera nel buio, nella notte dell'inconscio.

Gli alchimisti pensavano che gli occhi fossero gli organi genitali dell'anima. Gli sguardi che vedono la nostra interiorità sono raggi di luce creativa che partecipano della nostra rinascita, della nostra metamorfosi, della nostra rigenerazione.

La tredicesima mossa

RIATTIVA L'ENERGIA PRIMORDIALE

Accanirsi, sforzarsi, lottare…
no, non serve far fatica per tornare a star bene.
Ormai giunti all'ultima tappa, abituiamoci a dare spazio
all'estraneità, alla fantasia, all'immaginazione…
Visualizziamo un animale che ci piace, meglio se selvatico,
e affidiamogli il compito di guidarci nella vita.
Tutte le volte che ci troviamo in difficoltà,
immaginiamo il nostro animale "sacro":
sarà come riattivare una capacità antica
che sa trovare la rotta nel mare della vita.

Ha uno scopo la mia vita? Ha un senso? Sto facendo quello per cui sono portato?

Qualche giorno fa una signora, Ada, 45 anni, mi ha detto in un colloquio: "I miei figli sono grandi, il mio lavoro va bene, ma la mia vita è la solita routine. Io e mio marito stiamo già programmando le vacanze di agosto con gli amici e sarà la solita storia di discorsi sempre uguali, di banalità su banalità. Almeno avessi un amante...".

Molti invece vivono di ripensamenti.

"Ah, se fossi stato più sicuro di me" mi dice Aldo, 42 anni, "sarei andato all'estero. Adesso vivrei nel benessere."

Sia Ada sia Aldo hanno lo sguardo posato sull'esterno: vedono le mancanze nella loro vita, e pensano di soffrire per quelle, ma non conoscono la vera causa del loro disagio. Nessuno pensa che dipenda dalla perdita del Senso...

Ma che cos'è il Senso della vita, senza il quale ci sentiamo perduti, spenti, o pieni di ricordi o di rimpianti per le scelte sbagliate?

Forse c'è un campo di energia sottostante, profondo, nascosto, un campo che i Cinesi chiamavano Tao, il Senza Nome, il Senza Volto, invisibile agli occhi della mente, dell'Io, che vuole agire, ma senza essere visto.

Per Ada tutto va bene, eppure niente funziona: è triste, insoddisfatta, scontenta. "Mi sa che non valgo niente." Quando ci diciamo di non valere niente non dobbiamo prenderci alla lettera... Si tratta di una voce nascosta che ci sta dicendo: "Guarda che non stai facendo le cose che vuole il tuo volto nascosto" e che ci avverte che nella nostra vita quotidiana non c'è spazio per quell'energia che dà senso alla nostra esistenza.

Quindi non dovremmo diventare più forti, più sicuri di noi, come vorrebbe l'opinione comune, ma semplicemente affidarci a quell'oceano di creatività che ci abita.

Aldo non ha sbagliato vita: semplicemente i rimpianti sono il lamento della voce del suo Sé, che gli sta dicendo di cercare nuove strade e una nuova creatività.

Jung ci dice che la nevrosi del nostro tempo consiste nel "non trovare senso e scopo alla vita".[66] Come dire che c'è una sorgente di creatività che ci aspetta per portarci a fare cose impensabili, imprevedibili: e noi abbiamo bisogno di sorprese più del pane che mangiamo. Nessuna vita può essere scontata!

Sapete quando un paziente sta meglio? Quando la sua nevrosi si allontana? Quando si mette a creare, quando si mette a fare cose impensabili, che rompono l'abitudine di vita che si era costruito. Hillman cita Jung:

> Perciò Jung caratterizza la terapia come quel processo in cui "dobbiamo lasciarci guidare dalla natura e il compito del medico non è allora tanto una questione di cura, quanto di sviluppo delle possibilità creative latenti nel paziente stesso".[67]

Il Senso si smarrisce quando siamo prigionieri del pensiero comune, esteriore, quando siamo come tutti gli altri e facciamo le cose di tutti gli altri.

Quindi, la parola d'ordine è: dentro di noi c'è un essere sconosciuto, da cui scaturisce la nostra originalità. Il senso di una vita passa solo di lì...

[66] Carl Gustav Jung, *Pratica della psicoterapia*, in *Opere di C.G. Jung*, vol. XVI, Bollati Boringhieri, Torino 2015, p. 50.
[67] James Hillman, *Il mito dell'analisi*, Adelphi, Milano 1984, p. 49.

I codici dell'unicità

Non serve far fatica per trovare lo scopo della propria vita. Se dobbiamo sforzarci troppo significa che non siamo sulla strada giusta. Quando non riesci a realizzare i tuoi sogni, vuol dire che hai perso il Senso e che devi dare spazio all'estraneità, alla fantasia, all'immaginazione, a quelle capacità primordiali che ci riportano sulla giusta rotta...

Chiedo spesso ai miei pazienti di chiudere gli occhi e immaginare un animale. Raramente compaiono animali domestici, come il cane o il gatto, piuttosto aquile, pantere, scoiattoli, che sorprendono la persona che li sta visualizzando. E quando qualcuno non riesce a trovare la propria strada, lo invito a non accanirsi, ma a fantasticare, a dare spazio proprio all'animale immaginario. Le immagini della farfalla, dell'orso, della tigre, della rondine, introducono nell'inconscio altre energie. Non c'è tradizione della Terra che non abbia avuto degli animali sacri.

Giada, 35 anni, amava vedere nella sua interiorità un delfino. Le ho detto di affidare a lui la realizzazione di se stessa (che per lei consisteva nel raggiungere la promozione di direttrice dei negozi di una casa di moda) e poi di smettere di pensarci, di non sforzarsi più.

"Ci penserà il delfino" le dissi. Lei doveva solo farsi da parte. L'immagine del delfino avrebbe attivato la capacità antica, primordiale, di attraversare le acque della vita, immergendosi e tornando alla luce.

Le Immagini hanno il grande potere di realizzare ciò che siamo, come se la nostra energia interiore avesse bisogno di un alleato. Non è accanendosi o sforzandosi o lottando, non è la fatica che ci porta alla meta, ma l'estraneità, il disinteresse, l'assenza dei pensieri e le Immagini.

L'immagine di Afrodite

Immaginare a occhi chiusi, una volta sola, la strada che ci attende, associarla a un animale o a un'immagine protettiva, antica, fuori dal tempo.

Così ha fatto Donata, 40 anni. Soffriva di cefalee che si presentavano sotto forma di attacchi che cominciavano il mattino e se ne andavano il giorno dopo, con dolori devastanti. Aveva fatto tutti gli esami e tutte le cure possibili, senza alcun risultato. Veniva ai miei incontri di gruppo e il suo cruccio era che lei, professoressa all'università, non riusciva a ottenere la cattedra: si sentiva naturalmente portata per quel ruolo, quel lavoro rappresentava proprio il cammino professionale che le calzava su misura, ma era fermamente convinta, in quanto donna, di essere penalizzata in merito alla promozione, che pure le sarebbe spettata. Il pensiero della sua sconfitta professionale era diventato ossessivo. Ricordo che le dissi che nessun essere al mondo può essere felice se la sua Immagine, se la sua "statua interiore", come avrebbe detto Plotino, non viene realizzata. A occhi chiusi allora, le facevo immaginare Afrodite, la dea della bellezza, del femminile, che era stata messa sullo sfondo dall'eccesso di pensieri, di ragionamenti, di lotte e di rancori. "A che le serve la cattedra" le dicevo "se la sua Afrodite non trova spazio? Se non è contenta?"

Chi soffre di mal di testa ha un'interiorità caratterizzata da un'ipertrofia della razionalità. Pensa troppo e così soffoca gli istinti e la spontaneità che, come una corrente sotterranea, danno un orientamento unico alla nostra vita.

Donata allora immaginava più volte al giorno Afrodite, la dea che nasceva dal mare, morbida, femminile, e questo la faceva sentire protetta, riparata, a suo agio...

Potere realizzativo

Dopo qualche incontro ha incominciato a truccarsi, a vestirsi in modo seducente: Afrodite si era risvegliata. In poche sedute la cefalea è completamente scomparsa. E la cattedra? Quando ha smesso di pensarci con ostinazione, quando le fattezze femminili di Afrodite hanno trovato sempre più spazio nel suo immaginario, è arrivata. Due anni dopo, quando ormai non se l'aspettava più. Il femminile, liberato dai progetti, dalle aspettative, dalla lotta interiore, le ha regalato la realizzazione del suo sogno professionale e ha guarito il suo mal di testa.

Il delfino di Giada e l'Afrodite di Donata hanno avuto un potere realizzativo più efficace di qualsiasi sforzo cosciente e razionale. Si tratta di energie concrete che, richiamate dall'immaginazione, sono scese in campo e hanno realizzato la loro missione. Le immagini animali incarnano le energie primordiali, ancestrali dell'anima, che agiscono nel profondo, al di sotto della nostra identità, del nostro Io. Spesso il fatto che non riusciamo a dare un senso alla nostra vita dipende dal fatto che le cose che fanno per noi sono oscurate dai giudizi, dai dubbi, dai sensi di colpa, dal desiderio di accontentare tutti: così ci indeboliamo.

Giada voleva diventare direttrice dei negozi, ma poi si diceva: "E se mi trasferiscono, come faccio con la famiglia?". Donata voleva la cattedra, ma temeva di non essere abbastanza brava: "Non so proprio se me la merito".

Quando sentiamo che una cosa è fatta per noi non dobbiamo tormentarci, né avere resistenze, ma restare in una condizione d'attesa: ci si pensa una volta sola, si cerca un'immagine che ci aiuti e poi... si lascia scivolare tutto nell'oblio e non ci si pensa più. L'anima vuol realizzare il nostro destino da sola, senza il nostro Io, con la sua energia antica come l'universo. E se non la si disturba, ci porta alla meta.

Perché ognuno di noi nasce con un compito. Anziché perdere tempo, occorrerebbe farsi questa domanda: io, per cosa sono nato? Qual è il mio compito nella vita: rispettare le consegne? Restare sulla strada sicura? Non uscire dal binario tracciato? Oppure è conoscere tutti i miei volti, soprattutto quelli che mi turbano, quelli che vorrei eliminare, e averne cura? Diventare completi è la sola strada per andare d'accordo con se stessi.

Un mio paziente mi diceva che non poteva morire, perché doveva finire di sistemare la fattoria della sua famiglia, che negli anni era diventata poco più di un rudere. A 80 anni viveva per ricostruirla: una cosa più forte di lui. Così è stato: quando il suo lavoro è finito, piano piano si è spento. A volte il compito non è una missione concreta, come per il mio paziente, ma riguarda il conciliare gli opposti di sé. La missione diventa allora andare d'accordo con se stessi.

Secondo me, quasi tutti rimuovono questo compito vitale fondamentale e si perdono dietro falsi obiettivi, soprattutto credono di trovare la propria realizzazione dominando il loro lato oscuro. Così si ammalano, si inaridiscono e perdono di vista la loro missione. Giulia, 28 anni, mi racconta il motivo per cui viene da me.

"Faccio del male agli altri."

"In che senso?"

"*Sì, sono cattiva.*"

"Mi faccia un esempio di questa cattiveria."

Giulia si fa silenziosa, pensierosa.

"Ho tradito il mio compagno, gli ho fatto del male. L'ho fatto soffrire."

"Lui l'ha scoperta?"

"Sì..."

"È questo il problema?"

"Sì, anche questo..."

"Se lui non se ne fosse accorto, non sarebbe cattiva?"

"Sì, lo stesso. Lui mi ha perdonata."

"Ah."

"Adesso devo rigare dritto, non posso più sbagliare."

Mettersi in cammino

Crediamo di essere minacciati dagli aspetti sbagliati del nostro essere, che possono minare il nostro destino, tentandoci a "commettere peccato".

Ma anche l'amore è un'energia, un campo energetico che assomiglia al corso di un fiume che nasce dalla sorgente originaria. È capitato a Giulia di incontrare dentro di sé la donna che tradisce: l'emozione, la passione, il desiderio erano tutti presenti nell'incontro con l'altro. Scoprire il proprio lato libero, che non sottostà alle convenzioni, richiede una grande responsabilità. Bisogna riconoscere la donna sensuale come un lato della propria anima, imprescindibile, inestinguibile.

Ma dire "lui mi ha perdonato" significa farsi imprigionare. Se qualcuno perdona il tuo peccato, tu non sei più libero di amare, magari anche di tradire. Se ti consegni all'altro, come ha fatto Giulia, diventi spento, insignificante, un automa, diventi ciò che vuole l'altro. L'amore esiste solo se può scorrere libero, solo allora può donarci la nostra autorealizzazione, anche procedendo per errori e scuotendo le nostre certezze, le nostre abitudini.

Incontrare i demoni

Gli eventi della vita dischiudono porte, conducono verso nuove stanze dell'anima, attivano stati energetici. Sono tappe imprescindibili del nostro cammino. Noi però li giudichiamo con una mente ristretta: "È giusto, è sbagliato, posso migliorare, mi sento in colpa, devo farmi perdonare...". Così ci spegniamo e consegniamo agli altri le chiavi del nostro destino.

La missione di Giulia è di avere cura di entrambe, la "peccatrice" e la donna fedele. Ecco la missione, far vivere insieme i due astri, quello solare, luminoso del giorno e quello lunare, interiore, notturno. Quando abbiamo cura dei nostri desideri, è la Signora della notte che ci chiama. Forse Giulia ha fatto l'amore con l'altro per aprire le porte al femminile nascosto, che incessantemente rigenera la nostra vita.

Ciascuno di noi ha una sua vita e una sua meta. A volte non corrisponde alla visione etica della società, ma ognuno ha il compito di seguire la propria natura. C'è una figura nascosta dentro di noi, che vuole venire alla luce e a volte si serve anche di azioni disdicevoli.

Quando incontriamo i nostri demoni, quando arriva la donna peccatrice, dobbiamo accoglierli, perché i demoni sono come la luna, un principio di trasformazione. Il tradimento può essere un lato sconveniente, ma solo Giulia deve farsene carico, spetta a lei, non al suo compagno: "Quella che tradisce mi vuole insegnare qualcosa. Non c'è da perdonarla, ma da conoscerla".

Delegare all'altro la risposta o "farsi perdonare" significa perdere la donna del fuoco, della passione, visto che con lui non emergeva più di tanto. Nessuno ci può e ci deve perdonare. Occorre trattare tutte le nostre esperienze, anche quelle "sbagliate", come incontri che servono a portare avanti la nostra missione. Quelli che chiamiamo i nostri demoni sono sempre i nostri tesori nascosti. Bisogna imparare a conoscerli silenziosamente.

CONCLUSIONI

Ci si può curare leggendo un libro? L'operazione difficile è rieducare la mente a una visione diversa. Gli antichi ci hanno insegnato che cambiare lo sguardo, modificare la percezione, produce risultati profondi nel nostro sistema psicologico. Solo una percezione diversa fa sì che i disturbi come l'ansia, il panico, l'insonnia, la tristezza, spariscano spontaneamente, così come sono arrivati. La vera cura consiste nell'acquisire un altro modo di guardare la vita e il nostro mondo interno.

Questo libro è scritto per vivere la vita, così come è stata "impostata" per gli esseri umani. La vita non può essere quel lamento con cui riempiamo le nostre orecchie e quelle degli altri. Gli antichi ci hanno insegnato che all'interno di ciascuno di noi avviene senza sosta una trasformazione profonda e silenziosa. Gli occhi comuni non la vedono, le orecchie del volgo non la sentono.

Siamo come Ulisse di fronte alle sirene: crediamo a quello che ci dicono e veniamo inghiottiti giorno dopo giorno, preda di psicofarmaci, di teorie sui traumi e sull'ambiente famigliare, che ci fanno credere che siamo il risultato di ciò che ci è accaduto. Siamo figli degli dèi, portiamo nella nostra interiorità l'essenza trasmutatrice dell'evoluzione che sta creando il regno solenne dell'umanità, il più alto che sia mai stato partorito dalla natura. Siamo in viaggio verso la nostra terra promessa e non lo sappiamo. Le nostre nevrosi, le nostre angosce si cronicizzano perché il nostro sguardo è tutto proiettato sull'esterno e quindi sulla somiglianza con gli altri. La bellezza e la paura che tramonti con la giovinezza, la sensazione di non avere abbastanza forza, la paura di non essere all'altezza, sono alcune delle ossessioni più diffuse di questi nostri anni. I progetti che ci imponiamo per diventare migliori ci incalzano, ci devastano, ci annullano. Mentre noi ci critichiamo, l'essenza che fa di noi un essere unico continua imperterrita il suo viaggio per portarci verso il nostro destino...

Non c'è da cambiare il mondo o migliorare: lo abbiamo ripetuto più volte in questo libro. C'è da cambiare la percezione, lo sguardo. Bisogna riuscire a riconoscere nelle nostre paure l'ignoto che vuole condurci, nell'abbandono affettivo la rottura delle acque della nostra identità, che vuole nascere. Bisogna avvertire in ogni disagio l'energia antica del Senza Tempo che irrompe. Ecco il dolore puro, che deve essere percepito senza cercarne la causa, per attivare la trasformazione silenziosa, la metamorfosi verso il Sé, il principio perenne di ciò che siamo. Percepire il dolore, sentire l'ansia come un'energia che mi travolge e non avere niente da dire, semplicemente cedere, accogliere... Non avere progetti né mete, spazzare via le illusioni, serve a vedere la vita come una navigazione libera. Si scende a ogni porto, ma ogni incontro non è mai definitivo, ogni città è solo una piccola tappa.

C'è stata una gravidanza nell'utero, poi il respiro, il latte, l'infanzia e la pubertà: tutte trasformazioni che sono avvenute a nostra insaputa. Ora l'anima sta facendo l'Uomo e la Donna, sta facendo il viaggio verso l'energia più sottile, quella spirituale. Si tratta di non disturbare questo percorso gravidico. Il peggior nemico sono le sirene del pensiero omologato.

Cercare il mistero e non ciò che è scontato, l'avventura e non la piattaforma sicura, affidarsi a qualcosa di sconosciuto, senza aspettative né preconcetti sono alcuni dei consigli del Tao.

Il Tao non ha nome… e perché mai dovremmo identificarci negli amori, nell'amicizia, nell'adattamento alle regole esterne, che sono già vecchie nel momento in cui ci vengono impartite? Impara solo da te stesso, da nessun altro: ogni parere, ogni consiglio che chiediamo è un'inutile perdita di tempo e ci allontana dal viaggio.

Sì, perché ognuno ha il suo viaggio: non sa dove lo porterà, non sa dove andrà. Ma strada facendo si delinea sempre di più che cosa gli interessa davvero, che cosa gli appartiene, che cosa scartare. Si tratta di non assomigliare a nessuno…

La cura di sé richiede di affidarsi all'energia antica, a quell'intelligenza cosmica che abita ciascuno di noi, un'energia che vive nell'eterno, come i sogni, i riti, i miti… Ci vuole l'occhio mitico, che i Greci amavano così tanto, per stare bene e smetterla di ripetere lo slogan del "sono così per colpa dell'amore mancato di mamma e papà". Indagare il passato per spiegare il presente è la peggior malattia di questi ultimi cent'anni.

Vedere l'infinito nelle cose che ci capitano, cercare nel fiore che scorgiamo un segno della magia dell'universo. Senza magia ci ammaliamo…

Vedere in ogni incontro qualcosa di misterioso che lambisce il nostro essere misterioso e non avere niente da dirsi. La felicità viene solo dal silenzio, in cui vive l'energia eterna che ci cura. Accadono tante magie se non ci facciamo domande, se ascoltiamo in silenzio il disagio che arriva e ci facciamo travolgere, annientare. Allora la trasformazione, la metamorfosi procede e l'essenza ci porta a casa.

Molte persone mi scrivono per dirmi che i loro disturbi se ne sono andati quando hanno cambiato il loro modo di guardare se stessi e il mondo. Come ben sapeva Goethe, il Sé, che è l'essenza, è un occhio: possiede l'energia luminosa della cura, se si smette di pensare al passato, ai ricordi, ai traumi, alle cause che crediamo stiano scatenando il nostro disagio.

Andiamo in psicoterapia per cercare il nostro lato cosmico, non per chiacchierare su quelle che chiamiamo le nostre difficoltà, le nostre insufficienze, i nostri disturbi. Allora scende in campo l'energia dell'essenza. Questo libro è dedicato a lei: in queste pagine ho cercato di dare le indicazioni perché il Sé, la nostra sorgente di vita, si prenda cura di noi e "ci faccia" la psicoterapia...

Mondadori Libri S.p.A.

Questo volume è stato stampato
presso ELCOGRAF S.p.A.
Stabilimento - Cles (TN)

Stampato in Italia - Printed in Italy